中国的改革开放和经济发展为我国男性和女性提供了新的发展机会，但是，性别平等仍然没有实现。本书利用女性经济学性别分析的方法，从时间利用的角度，研究男性与女性在市场劳动与非市场劳动方面的时间利用差异，揭示经济发展所带来的男性与女性在经济与非经济活动结果上的不平等。

【经济学学术前沿书系】

经济发展对中国农村家庭时间利用性别差异的影响研究

畅红琴◎著

经济日报出版社

摘　要

经济改革毫无疑问地导致了劳动力分配机制在市场和非市场领域中发生了根本变化，这些变化对女性的就业和社会福利产生了重要的影响。近年来，发展观的变化不仅反映在对人的发展的关注，还反映在发展与男女平等的关系研究方面。随着人们对性别关系研究的不断深入，研究领域逐渐由有报酬的市场参与劳动扩展到无报酬的非市场劳动，而时间利用数据的收集与调查为人们研究此领域的性别差异问题提供了有利的工具。

中国的改革开放和经济的迅速增长使妇女的经济能力和社会地位大幅提高。尽管如此，由于文化规范和社会结构等多方面的原因，与男性相比，农村女性在经济发展过程中始终处于劣势。已有的研究比较关注女性在非农转移过程中的滞后状况和劳动力市场的工资歧视问题，而与家务劳动、家庭照料等无报酬劳动相关的主要提供者的工作状况相关的问题则很少进入到经济学者的研究视野。本文基于 Amartya Sen 的能力分析框架和新家庭经济学关于时间利用的相关理论，运用中国预防科学研究院营养与食品卫生研究所与美国北卡罗莱大学联合开发的中国经济、人口与健康调查 1991 - 2006 年的数据，对经济发展所导致的中国农村男性与女性劳动力、老人以及儿童在市场与非市场劳动中时间利用的性别差异进行了深入研究。本课题的研究对于揭示性别不平等的根源性问题、促进农村性别平等发展有着重要的学术价值和现实意义。

本文主要创新之处有以下四点：

首先，根据能力理论提出了研究中国农村家庭时间利用性别差异的分析框架。分析框架借鉴了西方性别不平等分析框架中运用时间维度来度量人们生活质量的研究成果，并吸取了新家庭经济理论集体模型的研究成果，从时间分配和时间贫困两方面就经济发展对农村男性与女性劳动力、儿童和老年人的时间利用产生的不同影响进行研究，建立了用时间利用来衡量中国农村性别差异的能力分析框架。

其次，揭示了经济发展对于农村男性与女性在市场与非市场劳动中时间分配的不同影响。运用固定效应和随机效应 Tobit 模型估计表明，从 1991 至 2006 年，女性在农业与非农工作时间中所占的比例都有上升的趋势，表现出农业与非农劳动的女性化特征。迁移作为中国农村经济发展的一个重要特征，是导致农业与非农劳动女性化的主要原因。研究还发现，经济发展导致农村男性与女性绝对工作时间数量增加，而绝对工作时间数量的增加来自农业劳动向非农劳动时间的转移。与单身女性、已婚男性和单身男性相比，已婚女性在非农劳动中的时间增加最少。分性别的 Tobit 随机效应估计显示，基础设施建设减少了男性的家务劳动时间，但对女性没有影响；固定效应估计显示，经济发展所带来的收入效应对女性的家务劳动影响起主要作用。总体来说，男性与女性在三种活动中时间分配的变化模式表明，经济发展对于农村男性和女性的福利都有着正的积极的影响，尽管经济发展没有加大性别间总工作时间的差距，但是农业与非农部门扩大的性别间工作时间差距，说明经济发展所带来的经济效益中，对男性的影响要更有利。女性，尤其是已婚女性受到的正面影响最小。

第三，发现了经济发展对农村男性与女性时间贫困的影响不同，农村已婚女性比男性更容易遭受时间贫困。将分析收入或消费贫困的传统方法应用到时间贫困的研究当中，运用时间贫困人头指数、时间贫困距和时间贫困距的平方度量农村男性与女性时间贫困的现状以及经济发展对男性和女性时间贫困所产生的不同影响。结果表明，农村女性在这些指标方面均高于男性，已婚女性更容易遭受时间贫困。经济发展指标中，从事农业生产的劳动力比例下降会减少男性与女性时间贫困发生的概率，而劳动力出外打工会增加女性时间贫困发生的概率，基础设施建设对男性的影响更大些。

第四，发现了经济发展对农村家庭代际间劳动替代的影响作用。农村男性与女性时间利用的性别模式表明，迁移是导致农业与非农劳动女性化的重要因素，将度量迁移指标的社区出外务工人员比例具体化为家庭成员出外务工，运用两阶段工具变量的估计方法，研究发现，丈夫出外打工显著地增加了女性的农业劳动时间，但是对家务劳动没有影响；而父亲出外打工对于儿童家务劳动有显著的增加作用，并且对女孩的影响比男孩大；有成员出外打工的家庭，老年男性和女性在农业劳动中的时间投入都显著增加，家务劳动方面，老年女性受到的影响更大一些。而社区幼儿照料等机构有助于减少儿童投入在家务劳动中的时间。

关键词： 经济发展，中国农村，时间利用，性别差异

ABSTRACT

Economic development brings dramatic shifts in the structure of employment in the market and non-market work, and plays a substantial role in women's participation in the labor market and their well-being. Labor market shifts will likely affect women and men differently because they possess unequal work skills, assets, and social connections, and so do not benefit from new work opportunities in the same way, and social norms and values embedded in society also affect them unequally. While most of research of the time use of individuals focus on paid work, some unpaid work, such as domestic work and care, aspects of well-being that are of special importance to women and children are ignored. While time use surveys could contribute to research the problems in the domain by providing rich information on all activities—market and non-market work and leisure. Using data from the China Health and Nutrition Survey1991-2006, this study analyzes the relationship between economic development and gender differences in terms of time use of family members between paid and unpaid work and work burdens in rural China.

1. The first contribution of the dissertation is to provide an analysis framework of economic development and gender differences in time use of family members in rural China. based on the capability approach formulated by Amartya Sen and new home production theoretical frameworks. The paper provides estimates of changes in time use patterns in three sectors, namely, farm & off-farm and domestic work and total work burdens. the contribution of four specific features of economic development (income growth, structural change, migration, and infrastructure improvements) to the time use of family members are analyzed.

2. Fixed-effects techniques shows that the process of economic development is associated with a shift of time from farm work to off-farm work over the period 1991 to 2006, there has been a feminization of labor in both the farm and off-farm sectors, and that migration is a critical determinant in this outcome. the income effects of economic development dominate their labor-saving effects for time allocated to domestic labor. Moreover,

economic development is associated with a rise in absolute work time, while the time allocated to the off-farm sector increased for both women and men, the results may have positive implications for the well-being of women and men. The increase has been less for married women, compared to single women, and both married and single men. Although not an increase in the gender work time gap, the widening gender work time gap in each sector implies that economic development appears to have enhanced men's advantage over women in the earnings hierarchy.

3. Exploring the concept of time poverty, the empirical research shows time constraints and work burdens for men and women are affected differently in the process of economic development. Married women is the groups that constrained by time poverty mostly among other groups of women. Structural change decrease the probability of time poverty for both men and women, while migration affect women even more, compared to men. The improvements in infrastructure increase the probability of time poverty for men.

4. Inter-generation substitution in time use have been found in the process of economic development. While migration is a critical determinant for feminization of labor in both the farm and off-farm sectors, how has labor migration in rural China affected the left-behind family members' time use and work burdens? Using two-stage tobit regressions, the study examines the impact of migration on the time use of the left-behind wives, older children and elderly people. The estimates show that a husband's labor migration has a significant positive effect on his wife's farm work time. A father's migration significantly increases the domestic time of boys and girls and the effect is stronger for girls than for boys. The migration of a family member increases farm labor time for both elderly males and females and domestic labor time for elderly females. Public investment in infrastructure and childcare may help reduce work burdens of children.

KEY WORDS: Economic Development; Time Use; Gender Differences; Rural China

目录

CONTENTS

第一章　绪　　论

主流经济学关于福利的定义通常集中在物质资源和服务方面，但是在分析财富、收入等各种资源对人们福利的影响时，学者们发现人们最稀缺的资源其实是时间。人的时间在各种不同活动中的配置决定了不同产品之间的相互价格，并且，人们的时间在各种活动中如何使用，决定了一个国家经济发展的路径。人们的活动不只是花费在市场活动中，也会花费在其他非市场活动中，如家庭照料和闲暇等。而家庭生产等非市场活动是不进入 GDP 核算体系的，但却影响到了人们生活质量的提高。无论是能够获得收入的市场参与劳动，还是没有报酬的家庭再生产活动等，都构成了人们生活的主要部分。生活质量的高低取决于人们的时间在各种活动中是如何配置的。正如 Beckor 认为的那样，人们花费在市场工作的时间不会超过全部劳动时间的一半，非工作时间的配置和效率对经济福利的影响可能比工作时间更重要。从经济发达国家的经验来看，随着经济发展，人们的工作时间普遍缩短，花在市场工作中的时间不超过总时间的三分之一，因而关注人们非市场活动的时间分配对于全面衡量福利水平具有重要的意义。但是，经济学家们将大多数的精力用来研究占人们总时间三分之一的市场劳动，而非市场劳动对人的影响却被忽视。这与传统国民经济核算体系的不完整是有关系的。

传统的国民经济核算体系以及一些劳动力调查或住户统计调查中，家庭生产等非市场活动不进入经济计算体系，统计调查反应的是生产领域的活动或实践，即使是劳动力服务活动，关注的也只是那些能够进入市场交换的活动，而家庭生产和照料等非市场活动则被忽略了。随着人们的发展观从非常狭窄的关注经济增长到关注人的发展的转变，越来越多的社会工作者和经济学家认识到，收入和消费只是对人们福利的一个片面的衡量，反应的只是人们生活的一部分，有很多局限性，有待于进一步完善。印度籍经济学家 Amartya Sen 的能力理论对此问题进行了深入的论述，他认为，收入和消费只是人们获得美好生活的一种手段，分析人们的福利时更应该关注人们最终能做的和最终达到的状态，最终产品产生效用，而不是所拥有的物品和资源产生效用，这一点与 Beckor 的思想是一致的。当最终消费产品无法度量时，人们在各种活动中的时间利用成为研究贫困、不平等问题的一个重要维度。

时间对于福利的重要意义还在于，时间与收入一样，是一种稀缺资源，是否拥有时间自主权，影响到人们在市场与非市场活动中的时间配置。在对一些发展中国家进行的反贫困的研究与实践中发现，即使当地有大型的劳动力市场，但是贫困家庭参与市场劳动的时间很少，他们的大量时间花费在砍柴、取水等基本生活活动中，影响了他们参与市场劳动的机会。因此，近年来世界银行在反贫困的措施中认识到时间利用的价值，逐渐加大了基础设施投资，以提高家务劳动生产率，这样，节省的时间可以用于参与市场劳动，减少收入贫困。

从世界范围内的经验研究来看，男性与女性在市场与非市场劳动中存在着一定的性别分工，而非市场劳动大部分由女性来承担。很长一段时间内，学术界对发展的研究没有性别视角，大多研究是性别中性的，发展关注的是穷人与富人或不同阶层的人的收入与消费问题。这种情况在过去二、三十年间开始有所变化，发展观的变化不仅反映在对人的发展的关注，还反映在发展与男女平等的关系研究方面。丹麦女经济学家 Boserup 在 1970 年指出，经济发展对男性与女性的影响是不一样的，女性之所以在家庭与社会中的地位低是因为她们所从事的工作大多是无报酬或低报酬的劳动，如家庭看护劳动是无报酬的，或者农村家庭农业生产，无法直接区分女性的劳动成果。这些活动在国民经济体系计算当中，往往是被忽略的部分，只有进入到正规部门就业的活动才被计入国民生产总值中。因而，女性经济学家认为，统计体系应该正确看待女性的贡献，制定公共政策时需要将这些非市场劳动考虑进去。

1995 年联合国发展署发表的人类发展报告，第一次明确地提出妇女在经济发展过程中起着多重角色的作用，不仅要从事市场劳动，还承担家务劳动。家庭生活的质量、孩子的健康和教育营养都与母亲的地位有关系，因此经济发展必须关注性别发展，否则经济发展的目标很难实现。由于非市场劳动的主要承担者是妇女，而有些家庭生产活动无法用具体的数据来衡量，只能通过时间投入来衡量。因而时间利用数据为人们研究性别问题提供了很好的数据支持，利用它研究者还可以全面分析性别间收入分配的不平等、男性与女性参与劳动力市场的不平等等根源性原因。1995 年第四次世界妇女大会通过了《北京宣言》，要求各国定期收集时间利用数据，通过时间利用数据全面反映女性对经济发展的贡献，这样社会在分配资源时不会忽略女性的价值。

从世界各国的经验研究来看，经济发展在改善人们贫困状况的同时，对于提高女孩和妇女的福利水平、增加性别平等是有积极作用的。就经济发展对男性与女性时间利用的影响研究而言，一方面，经济发展创造了很多经济机会，为女性参与劳动力市场提供了就业岗位，增加了女性的市场劳动时间，减少了男性与女性在市场劳动中的工作时间差异。同时，经济发展在提供了就业机会的同时，提高了市场劳动的生产率，减少了人们在工作中的时间投入。研究表明，当家庭收入或财富增加时，在控制了其他因素的情况下，女性的工作小时出现下降的趋势，而且这种下降幅度超过了相应的男性工作小时下降的幅度。另一方面，经济发展所带来的基础设施建设的增加和公共服务水平的提高有助于打破经济中的性别规范壁垒。大多数国家中，妇女承担着家务劳动的责任和负担，如做饭、打水、砍柴、照料儿童、病人及老人。平均来说，女性工作的时间比男性要长很多，尤其是女性同时还要进行市场工作。经济增长往往会带来基础设施投资的增加，如道路、交通、安全的饮用水以及燃料来源等。基础设施水平的提高，直接影响到家庭生产的效率，减少了某些劳动的时间投入，所节省的时间可以投入到别的劳动中去。这些投资以及劳动市场的发展可以减轻女性的劳动负担，使她们获得更多的市场劳动机会和闲暇，有助于消除严格的性别分工。另外，经济发展增加了公共服务的质量和可利用程度，如医疗机构、学校、幼儿园、养老院等，经济增长和技术的改变也会促进家务劳动社会化，家庭产品和服务的替代品会在市场上出现。

但是经济发展对女性在时间利用方面所产生的负面影响也受到了广泛的关注。20 世纪 80 年代世界范围内关于结构调整的研究证明，性别盲视的宏观经济政策往往阻碍了性别平等的实现。在经济结构调整过程中，一些国家为了应对经济冲击以保持短期内经济稳定和长期经济增长，采取了一系列退出公共服务领域的政策以减少财政赤字，如缩减政府津贴、提高公共服务费用、缩减公共部门规模等。大量研究结果表明，从长期来看，女性承受了经济结构调整中成本缩减部分的损失，难以从改善的经济成就中获益。短期经济措施如削减公共支出费用，包括减少公共服务的可利用性，增加公共服务的使用费用，会影响到女性对于公共服务的利用，从而增加她们在家务和照料活动中的负担，影响女性参与市场劳动的机会。

中国的经济改革取得了举世瞩目的成就，但是随着市场经济的不断发展，国家从农村发展的一些公共领域撤退出去，市场开始在社会资源配置中发挥作用。国家不但削减了农村公共开支，而且在一些涉及民生的重要领域如教育、健康等社会服务的投资方面也缩减开支。随着集体制解散、提供社会服务的责任由国家转到了地方政府部门。在一些贫困落后的地区，地方财政很紧张，导致地方政府部门在公共社会服务方面支出的急剧下降，传统的“男主外、女主内”的性别分工模式没有随着经济发展有所改善。中国是一个受传统父权思想和文化影响很深的社会，性别差异广泛地存在于男性与女性对于资源、经济机会和政治话语的可及性与控制权方面。联合国《千年发展目标国家进展报告》列举了中国目前在实现千年发展目标方面依然面临的三大挑战，两性平等就是其中之一。报告清楚地表明，两性不平等问题与目前的教育、就业、人口流动等问题交织在一起，严重阻碍了中国的人类发展进程。联合国《2007 年全球性别差距报告》统计了 128 个国家，对全球 90% 以上的人口进行性别差距调查，中国的排名是第 73 位。

本文主要关注中国的经济发展对农村家庭男性与女性时间利用方面的影响。男性与女性在市场与非市场参与活动中的时间利用情况可以反映经济发展过程中男性与女性所获得的机会的差异，以及男性与女性在面对经济机会时所能做的自由选择时的约束问题。在中国经济转型过程中，男性与女性是否具有同样的获得经济机会的能力，或者说是否具有实现有价值的功能的真正的机会，直接关系到女性在经济发展过程中的福利水平，只有获得与男性一样的机会，女性才不会成为经济发展的旁观者，才会与男性一样在经济发展过程中获得最大程度的利益，这对于提升女性在家庭与社会中的地位有着举足轻重的作用。

第一节 研究背景

一、中国经济转型期的农村经济发展状况

在所有发展中国家和经济转型国家当中，就促进经济发展和解决贫困问题而言，中国做得最成功。与前苏联、东欧等经济转型国家采取的“激进式疗法”不同，中国的经济改革采取了“渐进主义”的方式。改革开放以来，中国的农村经济经历了重大的变化：家庭联产承包责任制的实施，使广大农民成为独立的商品生产经营者；八十年代中期，乡镇企业迅速崛起，农村非农劳动迅速增加；九十年代中后期，劳动力大量从农村流向城市，成为中国经济发展的一个重要特征；2001 年，中国加入 WTO，中国的农业和农村市场开始向世界开放，市场化建设速度的加快进一步促进了农村经济结构的转变。

农村经济结构的变化促使农民收入大幅提高，并且收入来源呈现出市场化、多元化和非农化的趋势特点。数据显示，1978～2007 年，农民人均纯收入由 134 元提高到 4140 元，扣除物价因素，平均每年增长 7.1%，而农业收入对农户的贡献率在不断下降。2007 年，农村家庭平均人均纯收入是 4140 元，主要收入中，

工资性收入是1596元，约占39%，种植业收入为1303元，约占31%。与1990年相比，农村居民平均人均纯总收入增长了6倍，工资性收入增长了11.6倍，而种植业只增长了3.8倍。1997年以来，农民外出务工收入一直呈两位数增长，在工资性收入中占有突出地位。2001年，农民外出务工收入占工资性收入的比重为36.5，到2007年，农民外出务工收入占工资性收入的比重已经达到40.8%。从总体上来衡量经济发展对于农村人口的福利影响，其贡献是巨大的，农村生活在每天一美元以下的贫困人口比例从1981年的65%下降至2001年的12.5%。

农村劳动力大规模向城市流动和转移成为中国经济发展过程中的一个重要特征。改革开放后，农民获得了自主进行择业和进城务工的权利，非农产业就业人员和外出从业人员比重迅速增长，根据第二次全国农业普查结果，2006年，农村非农产业就业人员占农村从业人员总数的比重从1978年的7%提高到29.2%。全社会在第一产业就业人员占全部就业人员的比重从1978年的70.5%下降到40.8%。农村住户户籍劳动力中离开本乡镇外出从业劳动力1.3亿人，占农村从业人员总数的比重达到27.5%。其中，男劳动力8434万人，占64%；女劳动力4747万人，占36%。外出务工以青壮年为主，21~40岁占66%。农民工广泛分布在国民经济各个行业，在加工制造业、建筑业、采掘业及环卫、家政、餐饮等服务业中已占从业人员半数以上，成为推动我国经济社会发展的重要力量。

改革开放以来，国家一直比较重视乡村道路、农村电网、文化教育等关系农业和农村长远发展的基础建设，农村基础建设取得了显著成就。第二次农业普查结果显示，目前，全国通公路、电话、通电和能接收电视信号的行政村的比重均已达到95%以上，80%以上的乡镇有邮电所。文化教育、环境卫生和医疗机构也得到大幅改善。基础设施建设的提高对于改善农村居民的生活和生产条件、促进农村经济长远发展无疑起着重要的作用。

二、中国经济转型期的农村女性劳动参与状况

新中国成立之前，中国妇女受传统思想意识的束缚和影响，认为妇女是从属于男性并且天生就是为他人服务的，女性很少能获得正式的工作机会，即使有工作也会受到严重的性别歧视。新中国成立后，中国政府在政治、经济、法律等各行各业都制定了提高性别平等的政策与制度，极大地提高了妇女在家庭及社会中的地位。以就业率为例，新中国成立初期，中国妇女的就业率从世界上最低的国家之一上升到与少数几个男性与女性就业率几乎相等的发展中国家行列。在城

市，妇女的工作就业率达到了90%以上，并且，工资回报也不受歧视。尽管工资差异在农村地区存在，并且政策限制了农村劳动力从事非农劳动的机会，但总体来说，以其他国家相比，农业部门的工资差异还是很小的。对于广大的农村地区的妇女来说，从建国到改革开放之前的近三十年时间中，农村妇女主要以参加农业生产劳动为主，同时还要承担全部的家务劳动，劳动负担很重。但是，农村妇女走出家门，参加了大量集体农业生产劳动，取得了一定的经济身份，对其地位的提高有着不可忽视的影响。

改革开放后，中国社会的经济转型使性别平等问题变得更加复杂化。随着中国经济管理体制和运行机制从计划经济向市场经济的转换，妇女的就业方式和保障机制也发生了深刻的变化。一方面，中国妇女的就业保持了较高水平，更多地获得了经济独立的机会。2006年，全国城乡女性就业人数为3.47亿人，占全部从业人员的45.4%。另一方面，市场经济也带来包括性别分化在内的社会分化，劳动力市场对妇女的歧视也逐渐凸显出来，职业和行业的性别隔离逐渐明显，女性就业者的收入与男性收入的差异逐步扩大。九十年代后期以来，进城打工成为农村人口脱贫致富的主要途径，数百万农村劳动力涌向城市和南部沿海地区，其中女性的比例逐年上升（某些估计超过百分之四十）。但是，女性移民普遍年轻未婚，而男性移民则包括了不同的年龄段和婚姻状况。这种劳动力迁移的性别和年龄结构导致大量已婚中年妇女，老人和儿童留守农村。

Deere（2005）认为，农业女性化是全球化进程中许多第三世界国家出现的一个共同特征。农业女性化是指与男性劳动力相比，从事农业生产的女性劳动力绝对数量增加，或者，女性从事农业生产的时间比例上升。中国农村经济结构的迅速变化，导致从事农业生产的劳动力比例从1991年的60%下降到2006年的40%，但是农业部门就业是否存在着明显的性别分工还存在着争论。从一些统计数据显示的结果看，中国农村确实表现出农业女性化的特征来。数据显示，1982、1990和2000年妇女在农林牧渔生产人员中所占的比例分别为46.8%、47.9%以及48.5%。2000年进行的第二期“中国妇女社会地位调查”显示，从事农林渔的女性占70.5%，比男性高7个百分点。从事种植和养殖的农村妇女比例占82.1%，高于男性17.4个百分点。

一些学术研究结果也证实了中国农村农业女性化的特征。据王云贤对浙江省的案例研究表明，从1978到1994年间，以农业活动为主要职业的女性比例在不断上升，农村经济的多样化使得男性劳动向非农劳动转移，而女性则仍然留在土地上，尽管收入回报很低，但是可以分担非农经营的风险。当然也存在一些争议，de Brauw（2008）等人的研究认为，在1990年至2000年间，与男性相比，女性在农业劳动中的工作小时数下降的更快；并且，与男性在农业劳动中的劳动参与率相比，女性的农业劳动参与率有大幅下降。因而，中国农村不存在农业女性化的现象。尽管存在争议，但是劳动力结构转移中农村女性滞后于男性的事实却为大多数学者所接受。

二十世纪八十年代，中国农村涌现出大量的集体和乡镇企业，工资就业机会也随之增多，这种扩张趋势一直持续到九十年代。同时，自雇劳动和农产品行业的工资劳动就业也在迅速增长。据估计，从1981到2000年间，经济结构的变化所带来的非农就业参与率从16%上升至48%。与工业化国家相一致，大规模的经济结构转移将劳动力从农业转移到非农行业的同时，还引发了城乡间的农村劳动力外出务工人数的迅速增加，农村外出务工人员从八十年代后期的300万人增加到近几年的1400万至1800万。劳动力从农村向城市迁移，出外打工成为农村劳动者得到非农工作的另一重要途径。

然而在这个变化过程中，男女劳动力并不能平等地享受到结构调整所带来的就业机会和收入增长。中国传统的家庭分工模式是“男主外，女主内”，这种分工模式在很大程度上仍在影响着目前农村家庭内部的劳动分工。改革初期，从农业领域向非农和工资就业领域转移以男性为主，而女性则留在农村从事农业生产，在非农就业转移中滞后于男性。并且，女性在非农工作的获得和收入方面都要差于男性。不过，不断发展的农村劳动力市场为女性同样创造了很多新的就业机会。1988年到1995年期间，女性进入非农领域的比例几乎比男性还高，这些进入到非农领域的女性以年轻未婚女性为主。大量的劳动力从农村流向城市，只留下中年已婚妇女在家里耕种土地和照顾家庭，以应对其他家庭成员在城市中失去工作的风险。据估计，目前我国有4700万妇女留守农村。有些地方因此出现了“农业女性化”或者说是“男工女耕”的现象。这种情况的出现对妇女地位提高极为不利，因为随着农业产值在农村社会总产值中比重的下降，以农业为主业的妇女劳动在家庭收入和社会总产值中的比重会下降；农业的女性化也掩盖了农村妇女严重的就业不足；在农村新的社会分层中，从事低效农业的妇女地位相对下降。

九十年代以来，女性参与非农劳动的比例也在不断增长，16岁至20岁的年轻女性当中，从事非农就业的比例占62.5%；26岁至30岁的女性中从事非农就业的比例占24.9%，非农劳动也表现出女性化的特点来。虽然近年来性别差距在非农业就业上有所减小，但在生育和抚养孩子年龄组的中年妇女参加农业生产的比例仍然高于男性。

三、传统社会性别规范与劳动力市场歧视

与世界上大多数国家“男主外，女主内”的性别分工模式一样，中国传统的家庭分工模式是也表现出明显的性别分工来，男性以从事市场劳动为主，而家庭中的家务劳动以及照料活动主要以女性为主。尽管女性参与市场劳动的时间在不断上升，但是由于传统社会规范所规定的性别角色，女性仍然承担了大部分的家务劳动。女性并没有因为市场劳动时间的增加而减少家务劳动时间，市场工作与家务劳动的双重责任，无疑会增加女性的劳动负担，有些女性因此而退出劳动力市场。

“男主外，女主内”的分工模式对于女性来讲并非是一种自愿选择，除了生理差异的影响，还会受到社会文化和传统习惯的影响。另外，来自劳动力市场上的性别歧视，使得女性劳动力在进入非农劳动市场和获取劳动报酬方面都会处于不利地位，即劳动力市场上存在的“职业歧视”（Occupational discrimination）和“收入歧视”（Income discrimination）有可能会使女性退出劳动力市场，退回到家务劳动中去，从而影响到她们在家庭中的经济地位。市场经济的运作使得中国女性的就业形势变得严峻。表现之一是企业不愿意雇佣女工，潘锦棠的一项调查发现，如果由企业自己选择，30.8%的样本企业将只愿意招收男工。

乡镇企业的兴起与发展对于农村女性走出家门从事工资劳动起了很大的积极作用。但是，九十年代初期，随着乡镇企业私营化，工资性别差异从乡镇企业民营化前的26.4%上升至31.5%，增长部分全部来自工资性歧视造成的。并且，在乡镇企业产权改革中，女职工持股的机会比男职工小得多。这种持股的差异不仅扩大了职工所得，而且削弱了女职工对企业决策的影响。对于出外打工的女性而言，性别歧视依然存在。据估计，男性移民工资比女移民高34%，其中，20%的工资差别是职业分割造成的，三分之二的差别产生于性别歧视。

四、公共支持体系的下降

中国从计划经济向市场经济的转变使其在经济上发生了巨大的变化，虽然女性作为一个群体受益于市场改革，但是女性处于相对劣势的情况几乎在经济、政治和社会生活的大部分领域都存在。在许多方面，女性比男性承担了更大的改革成本。发达国家和地区的经验表明，一个国家如何解决照料等非市场劳动领域中的问题对构筑社会性别关系有非常重要的影响。公共政策的实施既能增强男性与女性的能力以拓宽他们的选择，也能强化男主外女主内的传统性别分工。改革开

放以来，中国的发展战略在许多方面和东亚发展模式很相似，主张效率第一，兼顾公平，强调家庭的保障和照顾责任，而忽视社会保障并减少对社会服务的投入。随着市场经济的不断发展，国家财政支出大量投入到基础建设，但却从农村发展的一些公共领域撤退出去，市场开始在社会资源配置中发挥作用。国家不但削减了农村公共开支，而且在一些涉及民生的重要领域如教育、健康等社会服务的投资方面也缩减开支。随着集体制解散、提供社会服务的责任由国家转到了地方政府部门。但是在一些贫困落后的地区，地方财政很紧张，导致地方政府部门在公共社会服务方面支出的急剧下降。公共服务的下降致使传统的劳动性别分工角色加强。在中国农村，九十年代以来的乡镇企业私有化和农业税费改革减少了当地政府的财政收入，导致了政府开办的幼儿园和学前教育班数量的下降，这无疑会增加女性在家庭中的工作负担。

五、农村留守老人、儿童与妇女

随着劳动力就业结构的变化，大量的农民进城打工，形成了当前农村的“三八六一九九部队”（农村留守妇女、儿童、老人）现象。据中国农业大学“中国农村留守人口研究课题组”的调查统计，留守妇女人数已达到4700万。而中国65岁及以上的农村留守老人近2000万，其中80.6%的留守老人仍然在从事农业生产。全国妇联2008年发布的《全国农村留守儿童状况研究报告》显示，根据2005年全国1%人口抽样调查的抽样数据，可以确认0~17周岁留守儿童在全体儿童中所占比例为21.72%，据此推断，全国农村留守儿童约5800万人，其中14周岁以下的农村留守儿童约4000万人。在一些农村劳动力输出大省，这些人群的数量还在继续增长。

近几年，关于留守人群的生活、生产以及教育等问题的调查和研究逐渐增多，并各有侧重。其中留守儿童的教育、生活等问题备受社会各界关注，而劳动力迁移所导致的“农业女性化”引起了学术界的广泛讨论，农村男性与青年女性的出外打工所导致的农村劳动力就业结构的变化也引发了学者们对老年人农业生产和生活活动的研究。研究显示，一方面，农村老年人承担了家庭劳动力出外打工后的部分农业生产责任，另一方面，老年人在家庭中承担了照料孙子女生活等家庭照料的责任。经济发展是否导致农村老年人生产生活负担的增加？劳动力出外打工是否会增加儿童的劳动负担？老年男性与女性、男童与女童之间的劳动负担是否也表现出性别差异来？这些问题有待研究。

六、研究问题的提出

改革开放对中国农村经济和社会的影响是巨大的，当研究者们将目光投向经济增长对于人们生活水平的改善、经济增长对于减贫的作用、市场和劳动力结构调整对农村居民的福利影响等诸多发展领域的问题时，经济发展对男性与女性造成的不同影响等问题也逐渐显现出来，农村出现了“农业女性化”、“男工女耕”和“三八六一九九部队”等一系列劳动领域中的性别差异现象。经济发展不一定会促进性别不平等领域内相关问题的改进，从目前的情况来看，国家旨在促进经济发展的政策或者改革措施大多是性别中性的，既不专门针对男性，也不专门针对女性，但是这种不考虑性别差异的政策在实施过程中往往会带来现实中的性别不平等问题。

经济发展对男性与女性产生的不同影响，使许多理论在解释这种性别差异现象时缺乏说服力。新古典经济学的消费闲暇理论虽然能够解释大部分的家庭经济行为，但是由于其缺乏社会性别视角，且研究仅局限于人们的收入或效用等有报酬的劳动行为，使得那些影响性别不平等的无报酬的家庭生产活动被忽略掉了，由此而得到的结论就会有失公正。新家庭经济学的时间配置理论以及之后的发展和深化，为研究家庭内部成员在不同活动中的时间利用提供了理论基础。而 Sen 的能力理论关于非市场劳动及其与性别不平等关系的论述，为我们研究发展中国家的性别不平等问题提供了一个更为宽广的视角。

虽然中国经济变革的社会性别内涵已成为一个备受重视的主题，但是这类研究更多关注于劳动力市场的性别歧视和性别隔离等问题，改革后中国妇女所面临工作和家庭责任的冲突，与家务劳动、家庭照料等无报酬劳动相关的主要提供者的工作状况等问题很少进入到经济学者的视野。为了衡量经济发展对农村男性与女性的不同影响，推动公共政策和经济研究对于相关问题研究的深入，本文从时间利用的角度研究经济发展对中国农村男性与女性在市场与非市场活动中的不同影响。

第二节 概念界定

一、社会性别与性别不平等

“社会性别”（gender）早期是作为区别于生物“性别”与“性”（sex）概念而提出的。1972 年 Oakley 在其《性、性别与社会》一书中对性别与社会性别作了前瞻性论述，指出“性”侧重生物学定义，而“社会性别”侧重于文化定义。正式的概念则由美国人类学家 Rubin（1975）提出，社会性别指“社会将生物的性差异转化为人类活动产品的一系列组织制度安排”，她将社会性别定义为

“一种由社会强加的两性区分”，“是性别的社会关系的产物”。可以简单地说，社会性别是与生物学所描述的性别相区别的，“是一种获得的地位，这一地位是通过心理、文化和社会手段建构的”。因此，对那些与性别有关问题的关注应该从生物学意义上的差异转向其社会学意义。她认为，正是这些组织安排，将语言和文化意义强加在生理结构上，才导致了现实生活中的诸多性别不平等问题。

Whiteheael（1978）认为，男女之间的性别关系是由社会性决定的，而不是由生物性决定的。因此，妇女与发展的研究不能仅从妇女问题的视角入手，而应从男性和女性，特别是两者之间的关系入手。男性的主导与女性的依附常常被看做是性别关系的基本形式，女性在劳动力市场中的低工资、在经济资源和发展机会中的低程度控制与低程度参与、以及家庭劳动的价值不被认可等现象，都表明不平等的性别关系是社会变迁和社会关系相互作用的产物。

社会性别概念揭示了女性不平等地位的根源，性别不平等不是与生俱来的生物意义上的不平等，而是政治权力问题，因而是可以改变的，只有改变产生性别歧视和社会性别的社会制度，才能实现真正的性别平等。性别是长期社会变迁及社会关系相互作用的产物，因此，不同的历史时期会产生不同形式的性别关系。这些思想是从性别视角研究妇女与发展问题的早期探索。

诺贝尔经济学奖获得者 Amarrtya Sen 关于性别不平等（1988，1992，1993，1999）的论述中，提供了四个既有区别又相互联系的维度：物质资源、转换因素、能力与功能。其中能力的不平等是其关于性别不平等论述的核心思想，是四个方面中对于性别平等的最基本的度量。能力是个集合概念，一个人的能力集越大，就有更多的机会、更多的自由和更多的选择范围，能力不平等反映的是一种机会或者自由的不平等。联合国人类发展报告与世界银行关于性别平等的定义更多借鉴了 Sen 的思想中关于性别不平等的论述。

联合国人类发展报告和世界银行所提出的概念框架中，认为男性与女性之间平等性主要体现在三个主要的领域：能力、资源与机会的可及性以及对发展过程的影响能力，运用能力的概念来体现男性与女性在一些基本的人类权利或机会中的特征。根据联合国（2002）的定义，“平等”是每个提倡社会公正和人类权利的民主社会的标志。性别平等的定义方式则较多，但大多是以发展为背景进行定义的，通常认为女性在生活中具有与男性一样的机会，如平等地接受教育和获得就业机会。也有学者提出运用概念框架来理解性别平等。联合国人类发展报告（1995）根据能力（教育、健康和营养）和机会（经济和决策权）来定义性别平等。同样，世界银行根据法律的平等、机会的平等（包括工作报酬、人力资本和其他生产性资源的可及性），以及话语权的平等（对发展过程的影响和贡献能力，也可以理解为选择和决策的能力）来定义性别平等。

本文对于性别不平等的概念界定借鉴了 Sen 的能力不平等的思想和联合国与世界银行中关于性别平等中机会平等的涵义，将性别不平等定义为经济发展中男性与女性的机会不平等，并且，对于机会不平等的衡量，更多借鉴了 Sen 的能力不平等的涵义，对机会不平等的界定不仅关注男性与女性在经济发展过程中市场参与的不平等，而且关注他们在非市场的家务劳动和照料活动中的不平等，以更好地理解发展过程中男性与女性对自由生活的一种选择的不平等。

二、时间利用与时间分配、时间贫困

人们在不同活动中的时间分配利用是认识与衡量人们生活水平与方式的天然工具，不同活动中的时间分配最终决定了物品和服务的相对价格以及收入分配等，并最终影响到个人及家庭成员的福利水平。因此，自上世纪 20～50 年代，以前苏联、美国、日本为代表的国家所进行的时间利用调查，对于人们每天从事的各种活动进行了详细分类，调查人们在一定的时间段里如何使用他们的时间，时间是如何在市场参与活动以及非市场的活动中分配的，反映出各类经济活动人口和就业规模等信息，同时也提供了一些以往调查中难以涉及到的女性、男性以及儿童和老年人在家务劳动以及照料活动中的时间利用信息。

这些活动既包括市场劳动，也包括非市场劳动和闲暇。时间使用数据最重要的贡献是补充了国民经济核算体系或者住户调查中所忽略的那部分信息，因为在这些调查中只有参与市场交换活动的调查，没有家庭内部活动的调查，而时间利用数据调查了人们在市场参与活动以外如何支配他们的时间，可以提供一些通常由女性担任的、不易被看到的家庭内部生产活动的参与情况，对于性别研究具有特殊的意义。通过时间利用分析，可以明确地得到男性与女性在家庭内外不同类型的活动分工与责任，也可以对他们的所有工作进行综合地分析，为研究男性与女性在有报酬与无报酬的劳动之间的时间分配提供所需要的信息。

时间利用数据的调查方法主要有两种：一是传统的活动调查法，以活动为基础，调查人们在某一时间段内在各种活动中的时间投入信息，如每天会花费多少小时从事市场劳动，包括工资劳动或农业、非农等有酬劳动，有多少小时从事家庭生产活动，家庭生产活动指做饭、洗衣服、买菜等家务劳动和照料小孩、看护老人等看护活动方面所投入的时间数量。这种调查方法的缺点是不全面，如果问卷中遗漏一些活动，那么调查所得到的人们的活动信息就会不全面。并且生活中有时人们的活动是重叠的，如可以边照料孩子边洗衣服，所以有的活动时间加起来会超过 24 小时。第二种方法是时间日记方法。选取某个时间点，如某工作日或休息日，从某一刻开始每隔一个时间间隔点受调查者会将自己所从事的活动记录下来，这样就会得到受调查者 24 小时内所有活动的详细的时间信息，比较完整准确。

时间利用数据调查对于人们活动的划分标准主要有三类，即进入国民核算体系中的活动（SNA 活动）、不进入国民核算体系中的活动（NSNA 活动）和闲暇。首先是劳动和闲暇的区分，对于劳动与闲暇的界定，大多研究采用第三者原则，工作作为一种活动，从逻辑上来说，可以花钱雇人来干，而闲暇是第三者无法替代本人进行的活动，如欣赏音乐、睡觉等。进入国民核算体系中的活动，包括市场参与活动以及一些家庭生产，如农业生产，即使是家庭生产用来消费的活动也进入 SNA 活动体系，而服务活动中只有用于市场交换的活动，才进入 SNA 活动。NSNA 活动指家庭看护、家务劳动以及一些义工等。闲暇如吃饭、睡觉等属于个人照料活动，其他人无法替代。

在具体的经济分析中，通过时间利用来分析人们经济行为的文献不断涌现。Gronau（1977）根据家庭时间的用途将家庭时间正式分为市场劳动时间、家务劳动时间和闲暇，也有的研究将时间用途主要分为四类，即市场工作、非市场生产活动、照料活动以及闲暇，其中照料活动由于其对于家庭生产以及照料者和被照料者的重要影响而被作为一种专门的非市场活动引入经济分析中。家庭作为生产单位和消费单位，将家庭的人力资源、物质资源和时间资源投入到市场工作、家庭生产和闲暇活动中，并产生收入。

时间分配研究的是人们如何将稀有的时间资源在市场工作、家庭生产以及闲暇活动当中分配使用。三种活动之间存在着一定的替代关系，单纯的闲暇意味着对工作收入的放弃。如果工作时间的价值高，家庭就会增加对市场工作的时间分配；反之，则会增加对家庭生活和闲暇时间的分配。当工资率上升时，意味着单位小时的工作投入会带来更多的商品或收入，家庭就会增加市场工作时间，减少家庭劳动时间，同时闲暇相对来说也会更昂贵，家庭就会倾向于消费较少的闲暇，将更多的时间分配到市场劳动中以获取更多的收入。在工作时间的分配中也一样，如果是市场工作的时间价值高，家庭就会向市场增加劳动力要素；反之，就会增加家庭生产的工作时间。

国外有些学者运用时间贫困的概念来分析市场工作、家庭生产和闲暇之间的冲突以及社会性别关系等问题。对时间贫困进行定义需要了解自主时间（discretionary time）和时间贫困线的概念，自主时间是指完成市场劳动、非市场劳动和个人生活照料活动所需要的最少时间之余个人所能支配的时间。而完成这些必须活动所需要的最少时间如果超过某一规定的限度，这个最少时间则被称为是时间贫困线。

最早对时间贫困做出定义的是 Vikery（1977），她将所有工作时间（包括市场劳动和非市场劳动）超过时间贫困线的情况称为时间贫困。在收入贫困度量中，贫困线的估计是根据基本营养需求成本测算的，即每人每天 1 美元为绝对贫困线的标准。而在时间贫困计算中，贫困线的划定需要从健康的角度看基本的休息需求对于闲暇时间的分配影响，但是要做到准确的定义还比较困难，因而目前对于时间贫困线的划定不太严格。Bittman（2006）等人将必须投入在市场劳动中的最少的时间数量规定为在个人工资率条件下能赚取贫困线水平收入所需要的时间。但对于无报酬劳动和个人照料，却无法划定相应的时间贫困线，因而，他们将人们在三种活动中花费的平均时间减去一个标准差得到的值规定为时间贫困线。Blackden and Wodon（2006）对于时间贫困线的划定，采用全部样本平均工作时间均值的 1.5 倍为贫困线，如果工作时间超过这个值，就被视为时间贫困。Bardari and Wodon（2009）进一步将收入贫困的情况考虑进来，以区分时间贫困是由于生活所迫而发生还是个人的主动选择，因此就将时间贫困的概念定义为那些工作时间较长并且如果将工作时间降低到时间贫困线以下，家庭就会陷入贫困的情况。

三、能力与功能

能力（capacity）与功能（functioning）是 Amartya Sen 所提出的能力分析理论中的核心概念。在 Sen 看来，能力是一个“自由”的概念，指某人“有可能实现的、各种可能的功能性活动组合”。这种自由，是一种实质（substantive）意义上的自由，更具体地说，实质自由包括人们免受与贫困相连的各种困苦（例如饥饿、营养不良、可避免的疾病、过早的死亡等等）的能力，同时也包括诸如有机会接受教育、发表言论、参与社会和政治活动等进一步的自由。因而能力就是指人们能够过自己愿意过的那种生活的自由。

而“功能性活动”则“反映了一个人认为值得去做（doing）或达到的（beings）多种多样的事情或状态”。Sen 认为，人的有价值的生活的“功能性活动”是指吃、穿、住、行、读书、看电视，社会参与（投票选举、在公共媒体发表言论观点、上教堂）等活动。一些功能是非常基础的，如得到足够的营养、保持健康等，很明显，所有人都很重视这些功能。其他的则可能要复杂些，如实现性别平等、获得自尊等。在某种程度上，由于功能反映的是生活状况的不同方面，功能就与生活质量联系的更密切一些。

一个人的功能代表了个人状态的各部分，而能力则反映了这个人有可能实现的、各种可能的功能的不同组合。因此，能力是功能的集合向量，过不同生活的自由反映在个人的能力集合中。把这些活动列成一个清单，一个人的能力就是对于此人是可行的、列入清单的所有活动的实质自由。这样的自由观既意味着个人享有的“机会”，又涉及个人选择的“过程”。假定每个人都在可行的各种活动组合中，按自己的标准选择最优组合，那么一个人能够实现的能力就可以通过他的实际选择而表现出来。

第三节　研究目标

本文的研究目标是针对中国经济转型过程中农村劳动力就业结构中所表现出的性别差异现象，对农村男性与女性在市场与非市场劳动领域中的时间利用的性别差异进行了深入研究。具体内容包括如下：

第一，对农村男性与女性劳动力在市场参与劳动和家务劳动的时间分配方面进行研究。为了研究经济发展的影响，主要从社区劳动力就业结构变化和农村公共设施建设方面研究经济变化对于农村劳动力时间利用的影响，从市场参与活动和无报酬的家务劳动和照料活动来分析农村男性与女性的劳动力供给和劳动负担以及十年来的变化趋势。

第二，对农村男性与女性受时间贫困影响的概率进行研究。从时间贫困的角度来研究经济发展过程中的性别差异现象，能够更好地理解男性与女性在发展过程中的劳动负担和受制约因素。经济发展所导致的经济结构调整和就业结构的变化，为农村劳动力参与非农市场劳动提供了更多的就业机会，然而，如果受时间贫困制约，意味着劳动力为最大化其生产率而能进行的劳动重新分配是非常有限的，对于个人发展是不利的。本文通过引入时间贫困的概念，研究经济发展对于农村男性与女性总的劳动负担的影响，探求经济发展中男性与女性在时间方面的受约束差异。

第三，对农村留守儿童与老年人时间利用中的性别差异进行研究。经济发展所带来的劳动力就业结构调整促使许多农村家庭中男性劳动力外出务工，但是中国农村劳动力市场与服务的不完善，使得留守在农村的儿童与老年人的时间利用形式也发生了变化，并且社会性别规范的影响致使男童与女童、男性老人与女性老人受到的影响不一样。本文从家庭层面研究劳动力外流对于家庭留守成员时间分配的影响，对于促进性别平等、提高老年人与儿童的福利有着更直接的现实意义。

第四节 研究框架与思路

本研究的研究框架见图 1－1，全文是按照图 1－1 进行组织的，反映了以下的研究思路：

首先，对古典经济学与新家庭经济学中关于时间利用的相关理论和 Sen 的可行能力分析框架进行了介绍和评价，指出了两种理论框架研究的不同、联系以及不足之处，并介绍了国内外与此主题相关的经验研究。经济发展对性别关系的影响是复杂的，可以促进性别平等，也会加剧性别不平等，需要根据各个国家具体的经济与制度背景来进行分析。

其次，在评述现有研究的基础上，结合中国迅速发展的经济特点和社会文化背景，提出了研究中国农村家庭时间利用性别差异的分析框架。分析框架吸取了能力分析理论以及女性经济学关于时间自主权的研究成果，将农村男性与女性在市场与非市场劳动中的时间利用作为本研究的分析对象，分别用时间分配和时间贫困两个指标度量了男性与女性在经济发展过程中的机会差异与劳动负担，克服了福利经济学单一地将收入作为研究目标的缺陷。并结合新家庭经济学集体模型和农户模型关于时间分配的理论分析框架，对 Apps-Rees 的交换模型进行了扩展，使其适合中国农村的特点。中国改革开放前的经济体制特点以及农村劳动力市场发展的不完善，致使农村劳动力在非农工资就业方面存在着一定的机会限制，从而导致农村劳动力在市场与非市场劳动就业中表现出与其他发达国家明显不同的特征来。

第三，根据分析框架建立计量模型，提出总假设，对分析框架中包含的关系进行验证。分别从时间分配与时间贫困两方面就经济发展对男性与女性劳动力产生的不同影响进行分析。劳动力在不同活动时间利用的影响因素中，本文比较感兴趣的变量是代表地区经济发展水平的四个指标，即代表劳动力就业结构变化的农村出外打工人数的比例以及从事农业生产的劳动比例，代表农村基础设施建设的指标如道路、取水、电、幼儿园建设等，以及代表经济发展水平的社区人均收入水平等。经济发展通过农业机械化和技术改变减少人们在农业部门的投入时间；而经济发展会增加非农就业部门的工资，促使劳动力就业结构的转移，增加人们在非农工资部门的时间投入。由于工资和影子价格中存在的性别差异，男性与女性在农业以及非农中的时间分配会受到家庭偏好和劳动生产率的不同而不同。就家务劳动而言，一方面，基础设施的增多和家务劳动市场替代品的出现减少了女性在家务劳动中的时间花费。另一方面，收入的增加提高了人们对家庭生产物品和服务的需求，女性会增加家务劳动时间。劳动力在市场与非市场活动中的分配反映了男性与女性在经济发展过程中的机会的不同，而时间贫困则度量了他们的劳动负担差异。

中国农村劳动力市场与土地市场的不完善，决定了在经济发展过程中农村男性与女性劳动力时间利用的变化模式有可能会影响到农村儿童与老年人的时间利用模式。因此，本文对这一影响后果进行了研究，分析了经济发展对农村留守儿童与老年人时间利用的影响，并进行了性别差异分析。

最后，对本文的研究结果进行总结，提出有针对性的政策建议。经济发展不能忽视女性的发展问题，促进性别平等本身就是人类发展的根本主题之一。政府决策者的社会性别意识如何，直接关系到性别平等的进程。针对农村经济发展所导致的男性与女性在时间利用方面的性别差异，政策制定中应该注意无报酬和低报酬的劳动对女性产生的不利影响，一方面进一步加强和规范劳动力市场建设，鼓励女性参与劳动力市场；另一方面，国家社会保障体系的设计应该充分体现对女性在非市场劳动中贡献的承认，减少女性因为照料家庭而导致的与男性经济和社会地位的不平等。

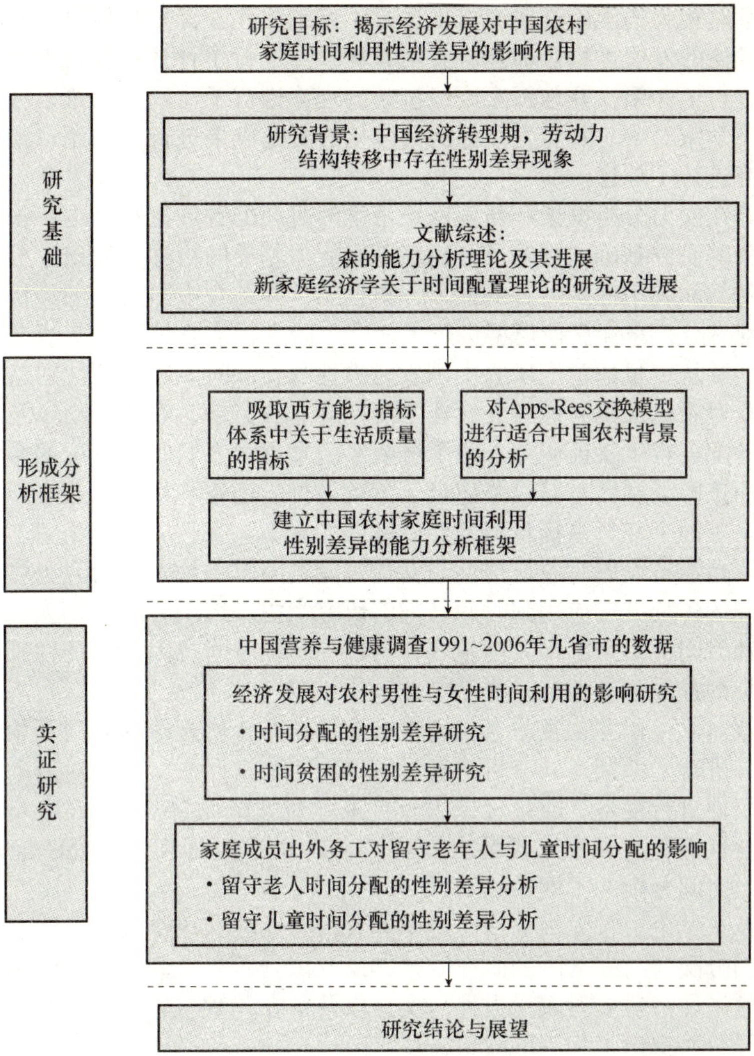

图 1－1 研究框架图

第五节 研究内容

本文的研究内容共分 7 章，其中第 3 至 6 章构成本文的核心内容。

第一章为绪论。主要概括了本研究的选题背景、研究目标以及研究的内容、思路以及分析框架。

第二章对相关的国内外研究成果进行了详细评述。首先对新家庭经济学关于时间配置理论的发展进行了梳理，并对其优缺点进行了评述；其次对Sen的能力分析框架进行了介绍，并与新家庭经济学的理论进行了比较与评论，在此基础上对女性经济学家对Sen的能力指标的具体化的研究成果进行了介绍；最后对相关的经验研究进行了综述。

第三章在能力分析框架和新家庭经济学的时间配置理论基础上，根据国内与此主题相关的研究基础，选取了分析性别间能力差异的指标，提出了分析中国农村家庭农村时间利用性别差异的能力分析框架。并结合中国具体的经济体制和改革进程，对Apps-Rees交换模型进行了适合中国农村实际情况的分析与扩展，使分析框架能够从定量的角度研究中国农村男性与女性时间利用的性别差异问题。

第四章对农村成年男性与女性在工资性等非农劳动、农业劳动以及家务劳动中的时间分配进行了实证研究，为了分析经济发展对人们时间分配的影响，本文从社区层面选取了社区基础设施建设、劳动力打工比例、从事农业生产的比例以及社区收入等四个变量来衡量当地经济发展的水平。

第五章是经济发展对农村男性与女性时间贫困影响的实证研究。将分析收入或消费贫困的传统方法应用到时间贫困的研究当中，运用时间贫困人头指数、时间贫困距和时间贫困距的平方度量农村男性和女性时间贫困方面的性别差异。经济发展指标的选取与第四章一样。

第六章对农村留守儿童与老年人在农业与家务劳动方面的时间利用进行了实证研究，并进行了性别差异分析。经济发展的四个指标中，本章对劳动力出外打工从家庭层面进行度量，通过父亲出外打工（对儿童而言）、丈夫出外打工（对农村已婚女性而言）或家庭成员出外打工（对老年人而言）研究了经济发展对于留守成员时间分配的不同影响。

第七章是结论。首先根据本文对中国农村男性与女性在农业、非农和家务劳动方面时间分配与时间贫困的研究结果，以及留守儿童与老年人时间利用的分析结果，总结了经济发展对农村男性与女性以及留守儿童与老年人在时间利用方面的影响差异，并提出了相关的政策建议。

第六节　数据来源和研究方法

一、数据来源

（1）问卷设计和内容

本文所采用的数据是由中国预防科学研究院营养与食品卫生研究所与美国北

卡罗莱大学人口中心联合开发的中国经济、人口与健康调查数据（简称 CHNS 数据）。中国营养与健康调查的研究设计旨在通过动态地观察人们在不同时期的营养和健康状况，了解中国城市和农村居民的生活水平、食物结构、营养状况的变化情况，研究中国经济和社会转型以及国家或地方政府所实施的健康、营养和计划生育政策对人们健康和营养状况的影响情况。由于营养和健康行为的结果或者效果的测量需要考虑社区组织和服务的变化，以及一系列的家庭和个人经济、人口以及社会因素的影响，因而问卷提供了丰富的个人、家庭和社区社会经济信息等多层面的数据。

问卷的开发与设计是由具有营养学、公共卫生与健康学、经济学、社会学、人口学以及中国问题研究背景的专家组成的国际合作团队共同完成的。问卷一共包括五部分内容，限于篇幅，本文对与本研究有直接关系的部分内容做详细介绍，而对其他部分做简要介绍。

第一部分是家庭问卷，这部分一共包括 13 部分内容，主要是为了了解家庭构成、基本的人口信息，以及家庭农、林、牧、渔、小商业和工资各项收入与支出、家庭资产状况、家庭非劳动收入以及医疗卫生使用情况等信息。CHNS 家庭问卷还包括家庭全部成员在农、林、牧、渔、小商业和工资劳动以及家务劳动和照料儿童等各项活动中的时间利用信息。

在 2004 年之前，个人信息是包括在家庭问卷中进行调查的，个人信息包括家庭中所有成员的个人人口学背景、市场劳动时间信息与收入、家务劳动和儿童照料时间利用情况、健康情况和卫生服务的使用情况等基本信息。2004 年之后，家庭问卷与个人问卷分开，并且，与个人生产活动、生活、健康以及婚姻、生育史等问题有关的信息被分成两部分，即 18 岁以上的成人问卷部分与 0 ~ 18 岁的儿童问卷部分。CHNS 个人问卷中提供了每个人在农业、自雇以及工资劳动中的时间信息，其中在每种活动中有一年工作了几个月、每周工作了几天、一天工作了几小时等丰富的劳动供给信息，并提供了上周所从事的家务劳动和照料 6 岁以下儿童的时间信息。该数据也提供了每个劳动力在农业、非农自雇以及工资中的收入数据。个人工资收入很容易获得，农业和自雇收入的计算则是根据个人在家庭农业或自雇纯收入中投入的时间比例而来的。以自雇为例，家庭自雇收入来自各种小商业和手工业的收入之和。个人时间投入比例是个人在每种活动中的时间投入除以所有家庭成员中投入在此种活动中的时间总和，那么个人在此种活动中的净收入就是个人在此种活动中的投入比例。CHNS 官方网站提供了调查自开始以来各年个人与家庭收入数据，并运用中国统计年鉴各年分省的消费者价格指数进行了调整。

第二部分是 52 岁以下已婚女性的调查问卷。这部分问卷是针对已婚妇女的婚姻、怀孕和生育史而设计的。

第三部分是身体检查调查问卷，通过体检仪检测每个家庭成员的身高、体重、血压、三头肌皮褶厚度以及一些基本的功能性的活动情况等。2004 年之后，这部分问卷被合并到个人成人问卷和儿童问卷中。

第四部分是家庭营养调查，通过测量被访家庭中每个人在连续三天内的食物消费数量与构成，了解家庭食物与营养状况。

第五部分是社区问卷，社区问卷包括社区基础设施、社区服务、社区机构和食品价格等基本信息，主要问题涉及到当地经济发展水平和结构变化等问题，如村各年人均收入、村中从事农业生产的人数比例、村级出外打工的人数比例、村中乡镇企业的状况等；基础设施建设，如水利、交通、电、通信、道路等，社区服务水平如计划生育、幼儿照料机构、学校、健康设施、医疗卫生单位等，以及一些零售业、人口、当地工资水平、食品价格等。

（2）抽样过程

中国营养与健康调查覆盖全国九个省的城市和农村的 4400 多个农户和 19000 多个个人，调查时间分别为 1989、1991、1993、1997、2000、2004、2006 年。该调查的抽样方案始于 1989 年的第一次调查，当时是 8 个省区，主要采取分层多级抽样的方法，其抽样方案如下：在全国依据地理条件、经济发展、公共服务以及健康指标等方面的不同抽取 8 个省区，即辽宁、山东、河南、江苏、湖北、湖南、贵州和广西，覆盖了东中西三类地区的城市和农村。在每个省区选取 4 个县，一个高收入县，2 个中等收入县，一个低收入县。在此基础上每个县各抽取一个县城镇和三个非县城村子，三个村子又分别代表了该县的高、中、低三种收入状况。1997 年将辽宁省替换为黑龙江省，2000 年又增加了辽宁省，因此，从 2000 年起，调查涉及到全国的 9 个省区，总样本包括 41 个市区、38 个郊区、39 个县城和 108 个乡村。在每个村庄抽取 20 户作为样本调查的对象，每户均调查了全部家庭成员信息。

（3）调查实施与质量控制

在被选取的 9 个省区中，每个省抽调 20 名调查员和调查指导员接受统一而严格的问卷调查培训，培训内容包括现场调查的技巧、问卷填写规则以及问卷内容的讲解等，每个调查员或指导员都要求掌握详细的调查手册中的各项内容，经过核查培训合格后才允许到各个省区或者市、县开展调查工作。调查的质量控制工作由各省食品监督服务机构进行监督，并且各个调查组的领导者会全程指导监控调查工作。调查期间，调查指导员会抽取一定比例的问卷进行复核访问（复访），复访问卷一方面可以作为问卷信度评估的重要依据，同时调查指导员也可以通过与原始调查问卷的对比，发现调查员存在的理解错误和技术问题，及时进行纠正。

所有问卷的调查表基本上由被访者填写完成。儿童个人问卷部分，12 岁以上的儿童自己填写，12 岁以下的儿童则有父亲或母亲代写。社区问卷的收集主要是由了解当地经济与生产、生活情况的村干部或者负责相应工作的工作人员填写。

所有省、市和县的数据调查都是在当年的 9 月至 11 月间调查完成的。

（4）数据录入与清洗

当所有调查工作都结束后，各调查组会尽快将调查问卷送到中国预防科学研究院营养与食品卫生研究所，研究所将会组织人员和设备运用标准的程序将数据录入到计算机内。而所有问卷的清洗工作都是由美国北卡罗莱大学人口中心完成。

二、研究方法

本研究采取管理学、经济学与计量经济学相结合，以定量研究为主，定性研究为辅的方法，依据系统工程的思想和原理建立了研究中国农村家庭时间利用性别差异的分析框架。在研究中注重从现实的经济现象中发掘新问题，既注重事实的归纳，又注重理论的演绎，注意学科的交叉和融合，将劳动经济学、新家庭经济学和女性经济学等学科有机的结合起来，并综合运用计量经济学和统计学等分析技术进行分析。对成年人时间分配的分析中，运用 CHNS 1991 ~2006 年的纵向数据，采用随机效应与固定效应相结合的分析方法，固定效应技术控制了不随时间变化的难以观测的农户特征，可以得到一致、有效的估计结果。对成年人时间贫困的分析，则借鉴了收入贫困分析的指标，采用 Probit 模型估计农村男性与女性时间贫困发生的概率。在研究留守儿童与老年人时间分配的分析中，采用工具变量的方法来解决家庭成员出外打工与留守人员劳动决策之间的内生性问题，力求用准确、透彻和具有说服力的分析与解释，完成对假说的证明。

第七节 主要创新点

本文运用中国营养与健康调查数据，研究了经济发展对中国农村家庭时间利用性别差异的影响。由于所使用的数据是来自全国九省市的大规模调查，可以将研究结果推广到中国其它地区。并且调查数据具有 15 年的时间跨度，能够综合分析快速的经济发展所导致的性别间时间利用的特征变化。具体来说，通过本文的理论分析和实证研究工作，本研究在以下几个方面取得了突破：

第一，从时间利用的角度提出了衡量中国农村性别差异的能力分析框架。分析框架基于中国经济的迅速发展对农村市场与非市场劳动领域所产生的巨大影响，借鉴了西方性别不平等分析框架中运用时间维度来度量人们生活质量的成果，并吸取了新家庭经济理论集体模型的研究成果，建立了度量经济发展对农村男性与女性产生不同影响的分析框架。分析框架显示，经济发展会以不同的方式影响到男女劳动力在参与劳动力市场和家庭生产之间进行选择。时间分配模式反映了男女劳动力在市场劳动和无酬劳动之间的劳动力供给和分布，时间贫困则用总劳动时间揭示了农村男性与女性的劳动负担和时间约束。

第二，揭示了经济发展对于农村男性与女性在市场与非市场劳动中时间分配的不同影响。经济发展导致了经济发展过程中劳动的女性化特征，即从 1991 至 2006 年，女性在农业与非农劳动总工作时间中所占的比例都有上升的趋势。迁移作为中国农村经济发展的一个重要特征，是导致农业与非农劳动表现女性化特征的重要原因。并且，经济发展导致农村男性与女性绝对工作时间数量的增加，但并没有加大性别间总工作时间之间的差距，而绝对工作时间数量的增加则来自农业劳动向非农劳动时间的转移。农村男性与女性非农劳动时间都有所增加，与单身女性、已婚男性和单身男性相比，已婚女性在非农劳动中的时间增加最少。

第三，发现了农村已婚女性比男性更容易遭受时间贫困，经济发展对男性与女性时间贫困的影响有所不同。将分析收入或消费贫困的传统方法应用到时间贫困的研究当中，运用时间贫困人头指数、时间贫困距和时间贫困距的平方度量农村男性和女性时间贫困方面的性别差异。结果表明，农村女性在这些指标方面均高于男性，已婚女性更加容易遭受时间贫困。并且，村级出外打工比例人数的增多显著地增加了已婚女性受到时间贫困的概率，而基础设施建设的增加加剧了男性时间贫困可能性的发生。

第四，研究发现，农村男性与女性时间利用的性别模式对于家庭老年人与儿童的时间利用也产生了影响，父亲出外打工对于儿童家务劳动有显著的增加作用，并且对女孩的影响比男孩大；有成员出外打工的家庭，老年男性和女性在农业劳动中的时间投入都显著增加。家务劳动方面，老年女性受到的影响更大一些。研究表明农村老年人与儿童对于成年女性的劳动具有替代的作用。

第二章　文献综述

第一节　新家庭经济学关于时间分配理论的研究及进展

直到二十世纪中期，照料活动及家务劳动没有进入主流经济学的研究领域。劳动经济学把时间只分为市场劳动与闲暇两部分，忽视了无偿的包括照料活动在内的家务劳动。二十世纪六十年代，美国经济学家 Mincer、Beker 和 Gronau 等人创建了新家庭经济学，提供了从家庭和市场两方面来解释家庭经济行为的基本理论框架。从家庭经济学的发展历程看，按照对家庭效用函数的假设逐渐放松过程和对家庭内部成员之间经济行为研究的逐步深入，可以分为两个阶段：第一阶段是假定家庭成员具有共同效用函数的单一模型（Unitary Model）阶段；第二阶段，是假定家庭成员各自具有不同效用函数的集体模型（Collective Model）阶段。本节对于新家庭经济学关于性别间时间利用的理论综述即以 Becker-Gronau 模型为起点，从本文研究目标出发，介绍了新家庭经济理论关于时间分配理论的发展脉络。

一、Becker-Gronau 模型

（1）Becker-Gronau 模型简介

关于家庭时间分配理论的开创性研究来自于 Becker（1965）。在 Becker 之前，家庭只是被看做为消费的基本单位，家庭获取效用的途径要么是从市场购买的商品中获得，要么从消费的闲暇中获得。因此，从家庭时间分配的角度看，家庭的时间是一种消费品，家庭时间被分为工作时间（市场活动）和消费时间（闲暇），因此也被称为消费－闲暇模型。这种模型主要反映了男性的生活经验，劳动力或者从事市场劳动，或者处于闲暇状态，从事家务劳动很少，不能反映女性的生活经验。Becker（1965）认为，非工作时间的配置和效率对经济福利的影响有可能比工作时间更重要。他系统地阐述了非工作时间在家庭效用函数中的作

用，即家庭将从市场上购买的物品与其拥有的时间禀赋结合起来生产出一种更基本的、可以直接进入效用函数的物品。因此，家庭就不仅是一个消费单位，还是一个生产单位。通过家庭生产的方式，把家庭时间与市场购买的物品结合起来，生产出更基本的可以直接提供效用的物品。以数学形式表示如下：

家庭最大化其效用：

$$U = U(Z_1, \cdots, Z_m) \tag{2-1}$$

其中，

$$Z_i = Z_i(X_{i,} \cdots T_i) \quad i = 1, \cdots m \tag{2-2}$$

受约束于全收入：

$$\sum_{i=1}^{m} P_i X_i + w \sum_{i=1}^{m} T_i = V + wT \tag{2-3}$$

假定家庭成员具有统一的效用函数，家庭成员将其拥有的时间与购买的商品结合起来，通过家庭生产技术，生产出可以直接提供效用的更基本的物品。通过家庭生产得到的物品可以直接提供效用，这类物品通常被称为 Z 类物品。

X_i 是指市场购买的物品或资本品提供的服务，P_i 是 X_i 的价格，T_i 是用于不同方面消费的时间。w 为工资率，V 是家庭其他收入。这样，家庭实现效用最大化将受到三个条件约束：时间禀赋约束、市场物品约束以及家庭生产函数的约束。

家庭生产概念的引入，大大丰富了分析家庭问题的技术，从而形成了分析家庭内时间与资源配置的理论框架，强调了家庭技术和偏好对行为的决定作用，使人们开始关注家庭技术的产出品上。但是 Becker 的理论隐含了这样的前提，即家庭成员之间不存在联合生产的情况，而且家庭生产技术表现为固定的规模收益。实际上，由于家庭生产时间投入往往涉及到效用的问题，而隐含的家庭生产物品的价格又常常依赖于家庭偏好、生产技术以及市场商品的价格，因而，上述两个假定无法检验。

Gronau（1980）根据家庭时间的用途将家庭时间正式分为市场劳动时间、家务劳动时间和闲暇，他认为，Becker 模型中，既然消费品看不见，就不如直接看人们的时间配置。他建立了一个一人一期的家庭模型，讨论时间配置如何受经济影响。

家庭总时间禀赋 T 中除了市场上市场劳动的部分 T_m 外，还被分解为闲暇 L 和家庭工作时间 H ，家庭最大化最终产品，最终产品包括产品和消费产品的时间，家庭生产 Z 类物品的生产函数表示为：

$$Z = Z(X, L) \tag{2-4}$$

物品可以由家庭生产 X_h 或者从市场上购买 X_m ，市场购买品和家庭生产品是完全替代的，所以可以加总。

$$X = (X_h + X_m) \tag{2-5}$$

家庭生产的物品 X_h 是花在家庭生产中时间 H 的函数：

$$X_h = f(H;\theta), \quad f' > 0, \quad f'' < 0 \tag{2-6}$$

其中，θ 是家庭生产的生产率参数。

家庭的预算和时间约束为：

$$X_m = wX_m + V \tag{2-7}$$

$$X_m + H + L = T \tag{2-8}$$

家庭最大化最终产品（2－4），并且受约束与（2－6）、（2－7）和(2－8)，解该问题的内部最优解的必要条件是：

$$\frac{\partial Z/\partial L}{\partial Z/\partial X} = f' = w^* \tag{2-9}$$

$$\frac{\partial Z/\partial L}{\partial Z/\partial X} = f' = w^* = w \tag{2-10}$$

家庭工作的边际产品和消费时间的边际替代率等于时间的影子价格 w^* ，并且等于市场工资率。上式给出了在均衡状态下，参与市场活动的家庭如何三分其时间禀赋的。

有了上述的基本分析框架，就可以用来分析一些现实中的基本问题。如经济变化所导致的家庭其他收入、市场工资率等外在因素变化时对家庭时间分配可能产生的影响。任何外在的经济变化，如工资等都既有收入效应，也有价格替代效应，这些变化会改变时间的影子价格，影响产品的相对价格，又会带来收入效应，所以当非劳动收入、工资变化或劳动生产率发生变化时，对各种活动的影响是增加闲暇还是减少闲暇、是增加家庭劳动时间还是增加市场劳动时间，其作用是不确定的，是一个经验研究问题，需要根据具体情况进行研究，看收入弹性和替代弹性哪个作用更强。

如果非劳动收入发生变化时，生产函数平行向上移动，斜率和市场工资没有发生变化，这时，从一个偏好函数上升到一个更高的偏好函数，闲暇时间增加，对于参与市场劳动的人而言，由于非劳动收入增加，闲暇增加，市场劳动供给将会下降，而对于不参与市场劳动的人，随着闲暇增加，必然减少家务劳动。

如果工资上升，会减少家务劳动时间，但对闲暇和市场劳动时间就会出现收入效应与替代效用。工资上升，在给定劳动时间里面，收入增加，必然有收入效应，对闲暇的需求就会上升，但是还有替代效应，因为工资上升，闲暇的边际成本上升，机会成本上升。实证研究发现，对男性来说，因为男性基本从事市场劳动，所以收入效应比较大，工资上升会减少男性的劳动时间；女性的替代效应比较强，通常是工资上升吸引更多劳动力到劳动力市场。在中国农村，在家庭收入比较低的情况下，替代效应会比收入效应的作用更强一些。

如果是劳动生产率发生变化时，如在给定时间内家务劳动生产率提高，时间会变得更充分，人们享受闲暇的时间会增多。同时，随着家务劳动生产率的提高，会减少家庭生产品的相对价格，增加对家庭生产产品的需求，所以家庭生产和市场劳动哪个作用强，还是一个经验研究的问题。

（2）Becker-Gronau 模型局限

Becker-Gronau 模型对家庭时间分配进行三分地考察可以比较详细地描述家庭时间在闲暇、家庭工作以及市场活动之间的配置情况。而在给定的家庭工作的生产技术情况下，市场工资率的变动、家庭其他收入水平的变化对家庭时间配置的影响对于进一步分析和研究家庭时间的利用情况有着重要的作用，但是在具体分析家庭时间利用当中其局限性也是很明显的。

首先，模型主要是根据发达国家的经验建立的，假定市场替代品和家庭生产的产品是完全替代的。对不发达国家来说，这个模型的可用性是很有限的，其忽视了市场失灵和公共服务不充分时的状况。在一些不发达国家，市场劳动以及家庭生产劳动之间的替代是不存在的，一些农村基础设施很差，不通电、不通水，没有替代选择，一旦没有替代选择时，很多结论就会发生变化。例如，在完全能替代的情况下，如果能用挣来的钱购买服务，人们就不会出现时间贫困的情况，也不会出现儿童或老年人替代成年人劳动的情况。而当没有选择时，家庭收入又很低，需要获取收入来维持生活，而家庭照料又不可避免时，就会出现时间贫困。其次，Becker-Gronau 模型假定家庭成员目标是一致的，在经济分析中只是在合并收入下最大化单一家庭的效用函数，所以也被称为“一致模型”。这个假定与现实是不符合的，如果家庭中每个人都有自己的效用函数，也许任何人都不会接受这种总量选择。并且一些经验研究也拒绝了家庭成员会将其收入进行合并的前提假设。

后来的经济学家对家庭资源配置模型从两个方面进行修改和补充，一是农户模型，从生产与消费决策的可分性与不可分性对发达国家与发展中国家的要素市场进行了区分，使农户模型可以被用来研究发展中国家的生产、消费以及劳动力供给问题。另一方面，一些经济学家为了解决家庭内部两人或多人决策问题，开始用合作博弈中的纳什议价理论（Nash Bargaining Theory）来分析夫妻双方通过讨价还价决定自己的效用分配，这种模型克服了一致性模型在解释家庭内部资源分配中的缺陷，引入了夫妻双方讨价还价的决策过程，因而也被称为“谈判模型”或者“集体模型”。

二、农户模型

（1）农户模型简介

农户模型是用来描述农户内部各种关系的一种与一般均衡经济理论原理相一致的经济模型，被用来分析农户的生产、消费和劳动力供给行为。研究不发达国家的时间配置模型主要采用农户模型。不发达国家，农户生产的物品很大一部分用来自己消费，只有一少部分用来进行市场交换。Singh，Squire 以及 Strauss 等（1986）看到农户的时间配置在不发达国家与发达国家是不一样的，在发达国家，农户与城市家庭一样，基本是一个消费单位；而在不发达国家，农户既是生产单位也是消费单位，这儿的生产主要是指生产市场产品，其主要论断是如果市场是完善的，消费决策和生产决策是可以分离的，这时得出的结论与 Becker-Gronau 模型是一样的。家庭需要的劳动力可以自由从市场上雇佣，不一定依靠家庭成员来完成生产，如果家庭劳动力剩余，可以出去打工，家庭资源配置完全不取决于家庭的禀赋。

可是如果市场是不完善的，没有完善的要素市场，消费和生产的决策是不可分离的，如非农就业机会少没有其他就业机会时，劳动的机会成本不存在，就可以使用家庭劳动力，一直到用完为止。如果家庭没有可选择的劳动力，就会面临劳动力缺乏，家庭的边际劳动生产率就会比较高，所以市场不完善时，消费决策和生产决策是不可分离的，这时家庭资源配置就不仅取决于非劳动收入、市场价格、工资、收入，更取决于家庭有多少劳动力、资产、土地等。

农户模型的主要贡献在于区分了市场完善和不完善时的家庭资源配置情况。模型假定，家庭有一个效用函数，当资源在家庭内部配置时，虽然家庭内有不同的人，但是目标偏好是一致的，家庭成员内部没有分歧，成员是利他的。农户既是一个消费单位，也是一个生产单位，如果市场是完备的，农户关于消费和生产的决策就是分离的，当市场不完善时，消费和生产决策是不独立的，并且时间的影子价格会受到农户的偏好和禀赋的不同而不同。其代数形式表示如下：

农户的效用函数为：

$$U = U(C, T_l) \qquad (2-11)$$

式中：

C——消费；

T_l——闲暇。

农户的生产函数为：

$$Q = Q(L; A) \qquad (2-12)$$

式中：

Q——产出；

L——劳动投入；

A——生产参数（土地、资本设备、基础设施等）。

$$L = T_f + T_h \tag{2-13}$$

式中：

T_f——家庭劳动力时间投入；

T_h——雇佣劳动力时间投入。

其时间约束为：

$$T = T_f + T_m + T_l \tag{2-14}$$

式中：

T_m——非农就业时间。

收入约束为：

$$C + WT_h = Q(L;A) + WT_m + V \tag{2-15}$$

式中：

W——市场工资率；

V——非劳动收入。

当市场完备时，也就是当农户面临的投入要素市场、产出品市场都存在时，并且农户可以参与到其中，此时，农户的最优选择通过两阶段来解决：

首先，农户选择劳动投入以最大化利润，全收入预算约束为：

$$PC + WT_l = \pi + V + WT \tag{2-16}$$

$$\pi = Q(L;A) - WL \tag{2-17}$$

其次，在预算约束条件（2－17）下建立拉格朗日条件约束函数，选择消费和闲暇时间来最大化效用。

$$U(C,T_l) + \lambda(\hat{\pi} + V + WT - C - WT_l) \tag{2-18}$$

$\hat{\pi}$是劳动的边际产品等于市场工资率时的利润。由于消费与生产是分离的，利润在一阶段已经决定了，是固定的。这样，一阶条件与家庭生产几乎是一样的，闲暇和消费的替代率等于工资，工资等于家庭生产的边际劳动替代率，内点最优解的必要条件是：

$$\frac{\partial U/\partial T_i}{\partial U/\partial C} = W \tag{2-19}$$

$$\frac{\partial Q}{\partial L} = W \tag{2-10}$$

其最优解与消费－闲暇模型一致，即

$$C^* = C^*(W,V,A) \quad (2-11)$$

$$T_m^* = T_m^*(W,V,A) \quad (2-12)$$

$$T_f^* = T_f^*(W,V,A) \quad (2-13)$$

$$T_l^* = T - T_m^* - T_f^* \quad (2-14)$$

在不完全市场情况下，如市场劳动机会有限，假定：

$$T_m = M \quad (2-15)$$

在这种情况下，农户不是最大化利润而是最大化产出，其最优选择是：

$$U(C,T_l) + \lambda(Q(T - T_l - M);A) + WM + V - C)) \quad (2-16)$$

最优条件为：

$$\frac{\partial U/\partial T_i}{\partial U/\partial C} = \frac{\partial Q}{\partial T_f} = W^* < W \quad (2-17)$$

时间的影子价格 W^* 因农户而定，根据农户间劳动生产率和偏好的不同而不同。农户的时间利用模式将会受到农户的家庭规模、年龄、性别构成、耕种土地以及资产设备等因素的影响。不同的家庭要素情况不同，影子价格就不同，家庭的边际劳动生产率也不同，从社会资源配置来说，这是无效的。这种情况下，家庭的时间分配就取决于每个家庭的偏好问题，而不是受市场调节。

（2）农户模型评述

农户模型还是在消费－闲暇框架之内的，与 Becker-Gronau 模型相比，农户模型将农户生产的消费品引入进来，一部分消费品是家庭生产的，一部分是从市场购买的，所以模型中引进一个短期的生产函数。农户模型的主要结论说明，如果劳动市场是完全的，家庭可以决定多少劳力用在农业生产上。如果家庭资源少，就雇人进来，如果超出家庭需要，可以出外打工，所以闲暇和劳动时间的配置，和家庭的禀赋没有关系，生产上的决定不进入二阶段的消费，家庭的偏好也不影响家庭决策，使用劳动要素，就是最大化利润，一直到劳动边际生产率等于工资。而且，所有家庭的劳动力分配都面临一个价格，将资源配置到边际劳动生产率一样多时为止。所以，在一个村庄里，所有家庭的边际劳动生产率都是一样的，这个配置是最有效的，否则生产还会再提高。

但是当土地或者劳动力市场不完善时，农户面临的不是最大化利润，而是最大化产品问题。由于市场劳动机会有限，没有机会成本，农户会将家庭剩余的可利用的劳动时间全部投入到家庭生产当中，直到劳动力使用完为止，即使边际劳动生产率低于市场劳动力工资。Arthur Lewis 的“拐点理论”认为，农村存在剩余劳动，劳动力从农业部门向工业部门转移当中，由于边际劳动生产率为零，没有代价，因而农业总产量不会减少，这与中国农村前几年的情况很相似。每个家庭的资源配置不是受价格调节，家庭的边际劳动生产率根据生产要素来决定，家庭土地、劳动力不一样，导致每个家庭的边际劳动生产率不一样，每个家庭的劳动力用来最大化产品，消费决定和生产决定只能同期决定。这是一个约束函数，闲暇和农业生产的边际替代率等于农业生产的边际产品，其影子工资小于市场工资。

农户模型的重要之处在于它为农户的家庭情况变化（农户规模和结构变化）以及市场变化（农产品价格、生产资料价格、工资和基础设施变化）行为反应的分析和预测提供了理论框架。不过，由于仍然是在消费-闲暇框架之内的改进，因而对于主要由女性承担的无报酬的家务劳动与照料活动，无法纳入框架进行分析。在城乡二元分割的劳动市场内和性别劳动分割市场内，家务劳动一直被认为是女性的责任，这些劳动分配仅仅处于使用价值，很少出自市场交换价值的考虑。因而，农户模型不能解释因社会性别角色不同而导致的农户生产行为的差异，对于中国农户经济行为的解释有着一定的局限性。

三、Apps-Rees 模型

上面所提到的模型都是在“一致性模型”框架下分析家庭资源分配的，一致性模型作为分析家庭决策理论的基本理论框架，解释了大部分的家庭经济行为，但是这种模型将个人和家庭看做是一个效用最大化的单位而不考虑家庭内部结构，无法解释家庭内部男性与女性在市场劳动、家庭生产等时间分配方面的差异问题。为了解决家庭决策中两人或多人问题，Manser 与 Brown（1980）以及 McElroy 与 Horney（1981）开始用合作博弈中的纳什议价理论（Nash Bargaining Theory）来分析夫妻双方通过讨价还价决定自己的效用分配问题。传统家庭经济决策分析只是在合并收入下最大化单一家庭的效用函数，如果每个人都有自己的效用函数，也许任何人都不会接受这种总量选择。而在家庭内部的双人博弈中，如果单个人最大化问题的解位于效用可能性边界内，就会产生婚姻效益，同时要求两人就其在家庭中的消费选择和婚姻收益分配达成协议。

Chiapporri（1992）将家庭视作一群有着不同效用函数的人，每个人的消费和劳动供给在面对给定的市场工资率下将达到帕累托有效配置。决策分为两个阶段：首先是非劳动收入按照预先确定的分享规则在成员之间划分，每个人在收入分配后都只面临自己的预算约束，并在此约束下最大化自己的效用来选择消费和劳动供给，至于这种规则是由文化背景、社会传统还是由婚姻市场状态决定的并不关心，因此无论收入来源如何，消费任何两种物品的边际消费倾向应该是相等的。但是，在家庭内部对于这种分享规则假定的不同显著地影响到对于性别不平等的测度。即使家庭收入被平等地共享，这种不关心收入是由女性自己还是由配偶挣得的假定是有问题的。随后，Chiapporri，Fortin 和 Lacroix（2002）进一步将集体模型扩展为含有分配因素的模型，他们仍然运用集体模型的框架，将分享规则看做是各种分配因素的函数，分配因素被定义为只影响谈判地位而不影响偏好和联合预算集的变量。如果考虑到这些分配因素，夫妻决策的权重就会发生变化。

集体模型克服了一致性模型在解释家庭内部资源分配中的缺陷，引入了夫妻双方讨价还价的决策过程，因而也被称为“谈判模型”。但是集体模型仍然不考虑家庭生产，还是在消费－闲暇框架之内进行讨论的，不过其提供的思路是可供参考的。Apps 与 Rees（2003）所提出的交换模型正式将家庭生产引进来，分析了家庭成员之间的时间配置问题。

Apps-Rees 交换模型假定，一个家庭内有夫妻两人，成员的效用是市场产品、家庭生产的产品以及闲暇的函数。家庭中男性与女性的劳动生产率不同，市场价格不同。沿用 Becker-Gronau 的模型，就会产生妻子或丈夫的分工专业化，丈夫更多的从事市场劳动，而妻子更多的从事家务劳动，家庭内部产生专业化分工，这时必然会有交换，所以叫交换模型。家庭就像一个小经济实体一样，家庭成员在其中进行生产、消费、分工，然后交换，丈夫与妻子的关系不是讨价还价的关系，而是交换的关系。那么交换是由什么来指导的呢？家庭生产的产品有影子价格，影子价格就决定了丈夫如何与妻子交换，在这个价格下，丈夫从市场上获得的收入就会分出一部分给妻子，作为对妻子家庭生产产品的购买。在这个模型中，假定家庭只有两个人，个人 i 的效用函数表达式为：

$$U_i = (x_i, y_i, z_i), i = 1,2 \tag{2-18}$$

式中：

x——市场产品；

y——家庭生产物品；

z——闲暇。

假定 $p*$ 是 y 的影子价格，

$$p* = \frac{U_y}{U_x} \tag{2-19}$$

闲暇的价格是市场工资 w，家庭生产技术为：

$$y_i = k_i h_i, i = 1,2 \tag{2-20}$$

式中：

k_i——i 投入的边际生产率；

h_i——i 在家务劳动中的时间投入。

农户预算、生产和时间约束分别为：

$$\sum x_i = \sum (w_i m_i + v_i) \tag{2-21}$$

$$\sum y_i = y = \sum k_i h_i \tag{2-22}$$

$$z_i + h_i + m_i = T, i = 1,2 \tag{2-23}$$

式中：

v_i——个人 i 的非工资收入；

m_i——投入在市场劳动中的时间；

T——个人总时间禀赋。

家庭生产的产品的影子价格就是家庭产品和市场产品的边际替代率。如果参与劳动力市场，闲暇的价格是市场工资；如果不参与劳动市场，影子价格乘以生产产品的边际劳动生产率决定了时间的价格。如果丈夫与妻子都从事家庭生产，每个人都有一个边际劳动生产率，假定劳动生产率是固定的，乘以投入要素的使用，就产生丈夫生产的产品和妻子生产的产品。由于妻子和丈夫的目标函数是不一样的，两人各自做各自的决定，制约条件除了常规的技术函数和预算与时间的条件函数以外，还要满足这样一个条件，即所做的决策使配偶的效用不低于对方的保留效用。双方在合作情况下，决策使得对方的效用不变坏就可以，这时，家庭决策会出现以下几种情况：

（1）分工完全专业化，丈夫从事市场劳动，妻子从事家务劳动，单位时间内，丈夫参与市场劳动得到的回报比在家务劳动方面的大，而妻子在劳动市场上得到的回报比在家务劳动方面小。家庭生产的产品对丈夫和妻子来说是一样的，用家庭产品的影子价格来指导交换。

$$w_1 > p^* k_1, w_2 < p^* k_2 = \hat{w} \tag{2-24}$$

（2）丈夫从事市场劳动，妻子从事市场和家务劳动。对丈夫来说，市场劳动回报率大于家庭生产；对妻子来说，市场工资等于家务劳动回报率，家庭产品的影子价格也指导着家庭内部的交换，等于妻子工资除以家务劳动生产率，按照这个交换率，丈夫和妻子进行交换。

$$w_1 > p^* k_1, p^* k_2 = w_2, p^* = \frac{w_2}{k_2} \tag{2-25}$$

（3）假如丈夫时间与妻子时间是一致的，妻子与丈夫都可能同时从事家务劳动和市场劳动，家庭内部 p^* 是一样的。什么情况下会出现这种情形呢？当丈夫和妻子的工资和家庭劳动生产率比例相同时，即丈夫工资高，家庭劳动生产率也高，妻子工资低，家庭生产率也低，这时就会出现这种情形。不过，丈夫在市场和家务中都具有较高的生产率，与现实情况不太相符。还有一种情况就是市场上男女同酬，男女劳动同样有效率，也会出现这种情况。

$$p*k_i = w_i, p* = \frac{w_i}{k_i}, i = 1,2 \quad (2-26)$$

Apps-Rees 提出的交换模型是在集体模型的框架下对家庭经济行为进行的分析，与一致模型相比，它考虑到了家庭作为一个集合体，家庭内部男性与女性有不同的效用函数，代表着不同的偏好。因此可以用来研究家庭内部的性别关系问题。更重要的是，Apps-Rees 模型继承了农户模型将家庭生产的物品考虑进模型的优点，使其能够被用来研究发展中国家的家庭时间利用问题。

第二节　可行能力理论关于性别不平等的论述

一、Sen 的可行能力分析框架简介

按照诺贝尔经济学奖获得者 Amartya Sen 的定义，所谓可行能力就是一个人追求有价值的个人目标所必备的一组功能的组合。这些功能是进行各种活动所具备的能力，包括读书、工作、参与政治或享受健康以及过有体面的生活的能力等。当人们具备这些能力之后，他们就可以自食其力，为社会创造财富。在 Sen 看来，功能和能力是构成个人福利的主要因素，Sen 的这种观点被人们称作“能力方法”。

能力方法认为，对人们的福利进行衡量时，应该关注人们是否具有按照自己的意愿生活和在社会发挥作用的自由，而不仅仅是关注人们的消费或者收入。收入只是人们实现福利的方式，对于福利的衡量和判断应该关注那些内在本质上的能力。功能代表了个人状态的各部分，是一个人最终取得的成就；而能力是一个人能实现这些成就内在本质上的内容，是真正的机会。实现功能的可能性与经济资源的可获得性是正相关的，并且也取决于个人的特征、外部环境、社会和文化规范、法律政治制度、以及公共部门和社会服务的可及性等。所有这些因素结合起来对于人们的影响是不同的，从而影响到了个人将所拥有的资源转变为能力的转换过程，并最终影响到了个人所能实现的成就。当然，这种功能空间并不能包括个人福利的所有层面，如果从个人所能实现成就的真正自由来进行研究的话，就不仅仅是能够实现的功能，所关注的重点就应是能力集而不是构成可实现的功能的那些因素。

能力方法对人们福利的研究关注于人们进行各种活动所具备的能力，为研究

个人福利提供了一个更为广阔和丰富的视角，尤其是在理解无报酬劳动以及其与个人和家庭福利的关系方面。对于研究人们所关注的性别不平等问题具有巨大的吸引力，被用来分析非物质福利领域中的各种问题，如生殖健康、投票选举权、政治权利、家庭暴力、教育和妇女的社会地位等。

一些西方学者对可行能力分析方法进行了分析总结，认为对于性别不平等的研究，可行能力方法提供了四个既有区别又相互联系的方面：物质资源、转换因素、能力与功能。图示如下：

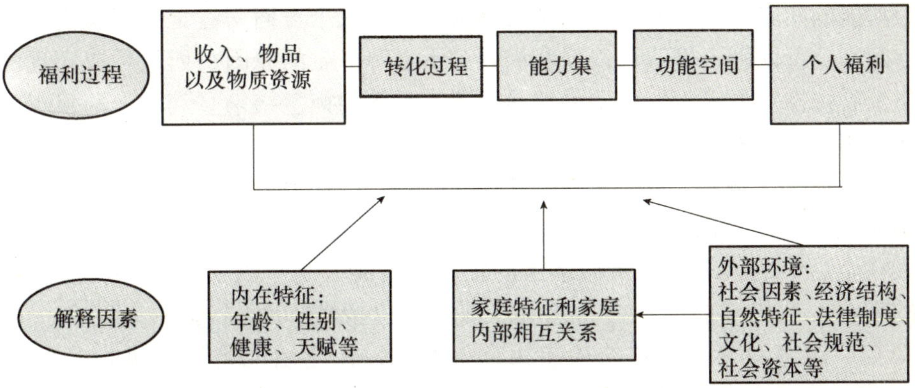

图 2－1　从资源到个人福利

首先是构成福利的物质基础方面的性别不平等。大量的实证研究表明，不管是在发达国家还是在发展中国家，男性与女性之间的物质资源是不平等分配的。与男性相比，女性掌握着较少的经济资源，收入也相对较低。较少的就业机会、物质资产的缺乏、受歧视的工资水平、进入信用市场的限制以及权利的缺乏是引起性别不平等的主要原因。

性别不平等的第二个层次的原因是资源转化为功能和能力过程中的转化过程的差异。在福利的“生产”过程中，由于个人、社会、环境等因素的差异，商品和服务向福利的转换程度和效率也各不相同，这些差异被称作转换因素的差异。传统观点认为，体力的差异可以导致人们转化的差异。如病人需要更多的照料和帮助、更多的收入和医疗服务，他们的转换率将比健康人的低。体力的异质性是理解不同的能力转化为功能的重要因素。然而，年龄和身体代谢状况、疾病、能力以及天赋是男性与女性之间正常的特征，一个人是否健康的可能性是均等分布的，没有理由认为女性一定比男性的转换率就低。营养不良、差的医疗条件、低教育水平、劳动力市场受歧视、对于男性的依赖以及政治上的无权都影响到了女性的转换能力。转换因素不直接产生福利，但在 Sen 的能力方法中扮演着重要角色，它们可以促进或阻碍商品向功能性活动的转换。

性别不平等的第三层次用能力和功能来衡量。能力与功能是能力理论中福利构成的主要因素。一个人的能力集越大，就有更多的机会，更多的自由和更多的选择范围，而更多或更高质量的能实现的功能反映了更高标准的生活。表现在这个层面上的性别不平等，往往是前面提到的资源与转化水平的性别不平等的直接反映。因此，从能力视角来看待性别不平等，从人们实现功能的方式、将资源转化为功能的能力、实现的机会以及最终的成就等几个方面来看是有意义的，从能力空间来看待性别不平等可以使我们看到不平等产生的原因，而从可以实现的功能集来看待性别不平等，得到的仅是对于不平等的衡量结果（当然，与仅仅从收入或效用的角度来衡量不平等是一个不小的进步）。

能力方法一般不会将人们所实现了的功能作为最终分析的目标，它更关心的是人们的真正自由，是实现功能的能力，而不是已经实现的功能。功能是一个人在生活中的状态或者所做事情的集合，而能力是个人实现那些功能的可选择的集合，是与人们的机会直接相关的。在生活中，两个能力集完全一样的人却有可能得到完全不同的功能状态。因此，在应用能力理论进行经验研究时，更多的关注点集中在能力方面。不过，关注功能与能力并不意味着能力分析不关心资源，以及相关的社会制度、经济增长和技术进步等方面的因素。因此，尽管能力与功能是能力理论最终关注的问题，别的影响因素也同样值得关注。

二、对 Sen 的能力分析方法的评述

Sen 的能力方法的优点之一在于以能力和功能来衡量性别不平等对于个人而言是适合的，用来分析的单位是个人，而不是家庭或社区。但同时，能力方法认为人不是孤立地存在的，个人功能和能力的实现与其他人或者其他人的活动是相关的。在个人福利实现过程中社会和环境因素的影响使得我们要考虑许多社会特征，如社会规范、社会歧视等。能力方法的这种以个人为研究单位而又注重社会环境影响的特征，使得人们在研究个人福利时不会将其归入到家庭或社区分析单位中来分析，而又会承认家庭照料、社会关系以及家庭和社会成员之间互相依赖的影响作用。

因此，与标准的福利经济学的方法相比，能力方法是一个进步。福利经济学中，对不平等和福利的解释常常会暗含着家庭内部性别关系的假定，这种假定是不现实的并且忽视了家庭内部的不平等。在福利经济学中，一般来讲，不平等理

论是标准的个人主义论。但是在应用中，个人和家庭经常被看做是一个单位，假定夫妻双方会将收入汇总在一起，或者他们得到的收益是相等的，在家庭内部资源配置文献中，福利经济学对于不平等很少衡量。Woolley 与 Marshall（1994）认为，福利经济学对于不平等衡量的标准方法即是家庭中不存在不平等。然而这种标准的假定是不现实的，因为不是所有的夫妻都能平等地享受到家庭收入的。在家庭内部对于这种分享程度假定的不同显著地影响到对于不平等和贫困的测度。即使家庭收入被平等地共享，（这种不关心收入是由女性自己还是由配偶挣得的假定是有问题的。）

能力方法的第二个优点在于它不仅关心市场，对于市场与非市场的人们的活动功能与状态都是它所关心的领域。在规范分析中，将福利的非市场的维度包括进来将会揭示因仅仅考虑收入和财富所不能揭示的复杂而模糊的福利分配问题。这一点对于研究性别不平等格外重要。一直以来对于市场和非市场活动的过程和结果都比较关注的女性主义经济学家们认为，仅仅根据市场活动如收入、工资进行的不平等的比较，忽略了福利中的一些重要的方面如照料劳动、家务劳动、免受家庭暴力以及获得社会网络的支持等，也忽略了女性在市场之外比男性要花费更多的时间。而这些方面关系到与性别相关的福利问题的衡量。

能力方法的第三个优点在于它承认人的多样性，如种族、年龄、社会性别、地理分布等，以及人们是否残疾、怀孕、或者是否有照料责任等。Sen 对于主流经济学假定人们具有同样的效用函数，或者人们以同样的方式受到个人、社会和环境的相同的影响进行了批评。Sen 的思想中对于人的多样性的关注与标准福利经济学忽视家庭内部成员在非市场劳动和总劳动负担的不平等形成了强烈的对比。福利经济学是用“男性的语言”来衡量不平等的，因而仅仅关注市场维度。女性主义学者认为，很多理论认为他们对男性和女性的生活是同等关注的，但是仔细研究会发现他们用标准的方法研究的是男性的生活经验，而性别不平等和不公平的问题却被忽略了，因此不是真正的公平。如许多公平理论简单地假定家庭是一种社会机构，爱、公平以及团结是其准则，这种假定使得这些理论在理解和分析家庭内部不平等时显得不充分。因而这些理论被 Okin（1989）称作是“虚假的性别中性”，他们忽视了性别间的生理差异，也忽视了社会机构、性别规范、权利差异以及意识领域中的社会性别意识对于人们生活的影响。而用功能和能力构建的性别不平等的分析框架，在解释人的多样性时有更多的空间，即使是面对来自人们社会性别间的多样性时同样有效。

尽管能力方法具有很多的优点，但是有一个很大的缺点，即对能力特征定义的不明确。Sen 的能力方法并没有提供一个现成的指标体系，以备我们对性别不平等进行研究。他只是提供了一个一般的框架，而不是一个完备的理论。其中一个关键的问题是Sen没有回答什么样的能力可以衡量性别不平等，就是说，Sen没有提出能力的具体指标体系。尽管运用能力方法或者能力维度对性别不平等的衡量有大量的研究，但是很多研究是用加总的或者宏观指标进行衡量的。虽然一些研究沿着Sen的能力方法对于性别敏感的多维度不平等或福利指标进行了定义，多是国家之间的比较，而不是个人层面的。在衡量不平等问题时，能力理论主张应该关注能力，但是每当需要对不平等做出评价时，对个人、社会以及环境的影响因素进行解释时，往往会借用别的社会理论和规范的选择理论。由于所依据的理论不同，有时得到的研究结果分歧很大。如果所依据的社会理论具有性别歧视倾向或者受感性认识影响较大，对于人们能力的评价就会相应受到影响。如市场中存在的性别歧视会让人们觉得女性的能力集低于男性，或者社会性别偏好所形成的社会规范，会影响到对于男性和女性能力集的不同选择。如果否认性别歧视的存在或者认为它没有什么显著的影响，那么对于性别不平等的衡量就会得出不同的结论。

三、西方性别不平等能力指标体系关于时间自主权的论述

Sen认为，任何形式的能力都包括两部分：自由和个人认为值得去做的各种事情或达到的各种状态。自由是人们实现有价值生活的真正的机会，是个人过有意义生活的一种真实的选择。自由包括两方面的内容：一是自主权，二是机会。自主权表示人们具有过有价值生活的能力（agency），机会表示实现有价值的功能的真正的机会（capability）。

能力是一个“自由”的概念，可以理解为个人在追求理想生活中的真正机会。Sen是在“实质的”意义上定义“自由”这一概念的，也就是说，就享受人们有理由珍视的那种生活的能力而言，“实质自由包括免受困苦——诸如饥饿、营养不良、可避免的疾病、过早死亡等初步的能力，以及关系到能够识字算数、享受政治参与、发表不受审查的言论等等的自由”。根据Sen的定义，一个人的自由反映在其“能力（capability）”当中，因而自由可以通过“能力”得到具体说明。简单地说，一个人的能力指的是此人有可能实现的、各种可能的功能性组合。

Ingrid Robeyns（2003）主要从性别不平等的角度来对能力进行具体化的。她提出了从个人层面上衡量后工业化的西方社会性别不平等的概念框架，主要包括14项内容，分别是：

（1）生活和身体健康；

（2）心理健康；
（3）人身安全；
（4）社会关系；
（5）政治权利；
（6）教育和知识；
（7）家务劳动和照料等无酬劳动；
（8）有酬劳动；
（9）居住与环境；
（10）自由行动；
（11）闲暇活动；
（12）时间自主；
（13）受人尊重；
（14）宗教参与活动。

Robeyns 根据西方社会的实际情况所提出来的性别不平等的能力指标体系，主要包括三个层次的能力。首先是生命存续层面的基本能力，如身体和精神健康、人身安全、有住所居住并能生活在安全愉快的环境等。Sen 认为，这些能力属于人们可以承受的最低水平的基本能力。如果不具备这些能力，个人就面临着能力被“剥夺”的状态，这种能力的剥夺就是贫困。其次是自由行动、闲暇活动、有酬劳动、家务劳动和照料等无酬劳动以及时间自主等，属于生活质量层面的能力，这些能力直接体现了个人在生活中的机会选择。第三层次的能力是社会和政治层面的，如教育与知识、社会关系、政治权利、宗教参与活动等，决定了个人的能力集空间大小。

Robeyns 的能力指标体系的特点在于，她从性别不平等的研究目标出发，所提出的指标更加具体化。与其他学者提出的能力指标体系相比，如 Alkire 与 Black（1997）所提出的一般化的评价体系与 Nussbaum（1995，2000，2003）所提出的度量生活质量的指标体系，它们都是一般性的评价指标，并不是专门针对特定的评估对象而制定的，所以指标相对比较模糊，对于特定的学术或政策问题的研究帮助不大。并且，Robeyns 提出的能力指标体系更加注重性别间机会与功能之间的差异。比较著名的瑞典能力指标体系（1987），将人们的生活标准定义为个人对金钱、资产、知识、身心健康、社会关系、安全等资源的掌控与追求，注重的是物质与非物质资源方面人们的能力差异。而 Robeyns 的指标体系将资源看作是人们实现功能的工具，她所关注的是能力指标是否能真正地体现出性别之间的机会差异。

在 Robeyns 的性别不平等能力指标体系中，她明确地将非市场的照料与家务劳动以及时间自由看作是实现个人功能的能力，将时间自由与非市场劳动纳入进来是 Robeyns 的能力指标体系的一个独特的特点。人们将时间在市场活动、非市场活动以及闲暇三种活动之间分配，而劳动的性别分工，也就是男性与女性在市场、非市场以及闲暇劳动之间的时间分配与责任的差异是导致性别不平等的重要原因。家庭内部的时间分配通常会受到个人、家庭和社区特征的影响，因而是家庭的集体决策而不是个人决策。女性主义经济学者认为，这种时间分配上的性别分工是不公平的，对女性是不利的。

不仅是人们在各种活动中的时间利用数量会影响到性别间的劳动分工不平等，不同活动中的时间利用质量也会影响到性别间的不同福利。Phipps 等人（2001）的研究表明，女性会面临着比男性更大的工作和照料家庭的双重压力。即使男性与女性的工作时间相同（有酬与无酬劳动），女性也会因在家务劳动中承担着更多的责任而压力更大，并且这种压力还会因社会规范将这些劳动责任强加给女性而上升。

对于时间自主权的度量还需要看男性和女性是否具有同样的自由去他们想去的地方，或者从事他们喜爱的活动，是否同样承受着社会规范对他们的限制与预期等。例如，社会规范通常会期望女性花费更多的时间来照料老人、家庭或者病人，这种社会期望对女性形成了一种无形的压力，会影响到她们对于自己时间利用的自由选择。

Robeyns 的能力指标体系是根据西方发达国家中所存在的性别方面的问题提出的，在形成过程中，也主要是根据西方的大量文献进行指标选取的，相关的经验研究也主要是以发达国家为研究对象。即使如此，无论是理论还是实证方面，都需要进一步的完善与深化。如果要用此指标体系对发展中国家进行相关问题的研究，则需要根据具体的背景和研究目标，对其进行一定的修正。

第三节　经济发展与性别关系的经验研究

从目前的研究来看，对性别间时间利用的经验研究主要是在新家庭经济学的一致性模型框架下进行的，并且，大多是以女性经济地位的获得或者提高为研究目标的。新家庭经济学的一致性模型认为，与男性相比，女性的经济地位取决于：（1）工资收入部分的劳动力参与；（2）就业机会的获得；（3）相对工资水平；以及（4）花费在家庭中的时间，也是被经济学家们称为减少了工资劳动的那部分时间。家庭生产是妇女经济活动中非常重要的组成部分，也是妇女相对经济地位的一个重要方面。

当经济发生变化的时候，经济发展有助于提高妇女的经济地位，尤其是提高妇女的劳动参与率。经济发展会以不同的方式影响到妇女在参与劳动力市场、家庭生产以及闲暇之间进行选择：（1）当经济增长时，女性的教育水平会提高，对经济独立的重要性的意识也会增加，因而，她们就更可能参与劳动市场。（2）经济增长和技术的改变也会促进家务劳动社会化，家庭产品和服务的替代品将会在市场上出现。同时，随着经济发展，家庭收入也会增加。普通家庭也可以消费得起这些社会化的家庭产品和服务，促使女性更多地参与市场劳动。然而，尽管以上两方面经济增长的作用会提高女性的劳动参与率，但有可能女性对闲暇的需求也会随着家庭收入的上升而增加，从而产生负的收入效应。

将这些因素结合起来，可以假设，当经济发展到一定阶段，即负的收入效应不足以补偿另外两方面的作用时，经济发展对女性劳动力参与的影响就会是正的。然而，这种正的效应最终会达到一点，在此点之后，负的收入效应将会占主导，收入的进一步增加将会减少女性劳动力参与。这种假设表明了女性劳动力参与和经济发展之间的倒U型的关系。然而，消费者效用最大化既取决于市场上购买到的商品和服务，同时也取决于可用于闲暇的时间。新古典传统分析方法忽视了家庭生产。Mincer（1962）指出，在非市场活动中，必须对闲暇和家庭劳动进行区分。家庭中，丈夫多从事全日制的市场劳动，这使得他们非市场活动时间很少，且主要用于闲暇。而对于妻子而言，家庭生产是其从事的主要非市场活动，这种活动对于市场工作的替代性要比对闲暇的替代性大得多。Gronau（1977）的研究更进了一步，他提出了市场工作、家庭生产和闲暇时间配置的三分法。他认为，很多社会经济变量对家庭生产和闲暇的影响是不同的，市场工资率的提高会减少家庭成员用于家庭生产的时间，而其对于闲暇和市场工作的作用则是不确定的。收入的增加则会增加人们的闲暇需求，降低市场工作的时间，家庭生产则不会发生变化，并且对丈夫和妻子的时间利用模式产生不同的效果。本文从经济发展对性别关系的影响分别从正面和负面进行了综述。

一、经济发展对性别平等的影响研究

从对许多发展中国家研究得到的结果表明，经济发展在改善人们贫困状况的同时，对于提高女孩和妇女的福利水平、增强社会性别平等意识是有一定作用的。经济发展可以改进经济增长模式，通过创造新的就业机会，增加收入水平，增加对公共设施与服务的投入，打破传统的带有性别歧视的经济利益分配方式，提高女性的相对经济地位，进而减少性别间的差距。从经济发展对性别平等的影响来看，这些影响很多是通过改变女性的时间利用模式来改善她们的经济地位。具体来讲，经济变革可以通过以下路径提高性别平等：

第一，经济发展提供了工作机会，提高了市场劳动的生产率，并且导致一些落后的地方出现劳动市场，进而增加女性市场参与活动的时间。这些变革可以消除一些经济活动的低效率，使得那些不工作的人因为没有工作而成本更高，并且给家庭和个人一种信号即参与经济活动会得到更多的受益机会。经济发展导致就业结构发生急剧的变化，往往会增加城市的就业机会，为女性提供更多的市场劳动机会，从而吸引更多的女性离开农村前往城市。一些以前占主导地位的行业被新兴的部门所代替，人力资本高的劳动力将会获得新的工作机会。

第二，经济发展提高了收入，减少了人们在工作中的时间投入。研究表明，当家庭收入或财富增加时，在控制了其他因素的情况下，女性的工作小时出现下降的趋势，而且这种下降幅度超过了相应的男性工作小时下降的幅度。对秘鲁的研究表明，在最贫困的 20% 的家庭中，女性的总工作小时是最高的，而男性的总工作小时在整个收入分布中却是稳定的。而在高收入家庭中工作和休闲的性别差距比较小。同样，在孟加拉和印度，更多的财富会减少女性在总工作小时中的投入。从国家间的比较研究表明，在时间利用方面衡量性别平等的两个指标，即各种活动中的平均工作小时和非市场劳动中的平均工作小时与 GDP 是相关的。通过对 23 个国家的研究结果显示，几乎所有的国家女性的工作时间比男性长。但是在收入最高的国家中这种性别差距最小，男性和女性的工作时间也较少。总工作时间性别间差异的一个主要来源是非市场活动的时间投入。高收入国家中的性别差距比低收入国家要小。但是经济发展对于非市场活动的影响要小于总劳动的效果，表明即使有更多的工作选择和灵活性，性别之间传统的劳动分工仍然存在。

第三，经济发展所带来的机会有助于打破经济中的性别规范壁垒，减少女性的家务劳动时间。技术、市场发展的程度和作用以及劳动分工的社会性别规范共同决定了一个社会的工作与闲暇的分配情况。大多数国家中，妇女承担着家务劳动的责任和负担，如做饭、打水、砍柴、照料儿童、病人及老人。平均来说，女性工作的时间比男性要长很多，尤其是女性同时还要进行市场工作。另一方面，男性往往被看做是家庭主要的劳动收入者，男性的自尊和社会地位使得男性更愿意凭借自己的能力实现这种社会预期。一个社会的性别角色规范越明确，性别劳动分工就越严格。经济发展所带来的机会可以打破经济中的性别规范壁垒，女性可以同男性一样参与市场劳动，男性也可以同女性一样分担家务劳动。经济增长可以减轻女性在家庭中的劳动负担，为女性在休闲与参与劳动市场劳动之间提供更多的选择。同时也可以减轻男性的市场劳动负担，增加他们的非市场劳动活动。

经济增长往往会带来基础设施投资的增加，如道路、交通、安全的饮用水以及燃料来源等。这些投资以及劳动市场的发展可以减轻女性的劳动负担，使她们获得更多的市场劳动机会和闲暇，有助于消除严格的性别分工。基础设施水平的提高，直接影响到家庭生产的效率，减少了某些劳动的时间投入，所节省的时间可以投入到别的劳动中去。对于贫穷的国家而言，这种基础设施的投资具有很大的影响作用。

经济发展增加了公共服务的质量和可利用程度，如医疗机构、学校、幼儿园、养老院等，经济增长和技术的改变也会促进家务劳动社会化，家庭产品和服务的替代品将会在市场上出现。同时，随着经济发展，家庭收入也会增加，消费社会化的家庭产品和服务成为可能。市场上可获得的雇佣劳动可以替代农业和家庭照料活动中的劳动力不足，从而减轻家庭成员的劳动负担，降低了家庭人力资本投入的成本。如果对于女性来说成本下降的更快，或者女性人力资本的投资对于价格变化比男性更敏感，说明女性受益更多。

减轻家务劳动负担对于女性的健康、家庭收入以及女孩的教育都是很有益的。低成本的照料设施和服务（为儿童、病人、老年人）可以替代妇女的劳动而增加妇女的市场劳动参与率，或者可以替代年龄大一些女童的劳动，增加她们受教育的时间。农业劳动力市场的存在可以使农户能够在农忙季节雇佣到所需要的劳动力，而不需要使大点的儿童失学或者额外增加妇女的劳动时间。但是当劳动力市场缺失或者发育不好时，雇佣劳动很难替代家庭劳动力，对于农户来说，这种替代是低效的。

二、经济发展对性别不平等的影响研究

（1）结构调整对性别不平等的影响研究

在经济发展与性别不平等之间关系的研究中，受到广泛关注的是经济结构调整对于妇女和女童的福利水平的负面影响。结构调整是指上世纪 70 年代末至 80 年代初一些国家为了应对经济冲击而进行的一系列的经济改革。这些项目旨在短期内稳定经济并为长期经济增长提供政策支持。经济改革措施主要包括缩减政府津贴以减少财政赤字，提高公共服务费用，缩减公共部门规模等。结构性调整还为经济的可持续增长提供更多的经济刺激和激励，例如撤销对贸易和国内市场的

限制，将国有企业私有化以及取消对储蓄和投资的调节限制等。

大量研究结果表明，从长期来看，女性承受了经济结构调整中成本缩减部分的损失，难以从改善的经济成就中获益。公共服务的下降，商品相对价格的变动，就业冲击，无法从经济改革的正面影响中受益都是影响妇女福利水平下降的原因。短期经济措施如削减公共支出费用，包括减少公共服务的可利用性，增加公共服务的使用费用，会影响到女性对于公共服务的利用，从而增加她们在家务和照料活动中的负担。对于政策引发的收入冲击和价格变化，使得家庭在妇女和女孩健康、教育和营养等方面的投资比男性和男孩更敏感。

经济权利和对生产性资源的获得与控制权的性别不平等也妨碍了女性参与到结构调整所带来的经济机会中去。这种能力的差异使人们担心结构调整项目能否实现一些预想的目标，例如在非洲，女性在农业中发挥着重要的作用。由于女性不能控制足够的资源，也难以重新分配资源来扩大经营，因而，女性往往被称作是结构调整的“无辜的受害者”或“旁观者”，而不是“实践者”。

另外，公共政策的缺失导致性别规范壁垒进一步加强。由于男性和女性本身所拥有的权利和资源不一样，当经济变革机会出现的时候，他们难以与男性一样平等地抓住有利机会，致使女性被滞留在生产率和收益报酬都很低的行业，性别规范壁垒进一步加强。

（2）经济转型对性别不平等的影响研究

上世纪 80 年代末，从中欧和东欧开始的政治和经济转型迅速在前苏联、中国以及越南等国家蔓延开来。广泛和深远的社会变化对于人们生活的各个方面产生了持久的影响，包括性别角色和性别关系。在经济转型过程中，由于各个国家所实施的政策以及经济改革的差异性，对于男性和女性产生了不同的影响。在东欧和前苏联，由于很多企业倒闭、工作机会缺乏、婴幼儿照料机构缩减，使得性别不平等差距在这些国家加大。

在越南，在迅速增长的经济形势下，尽管发展过程中还存在着某些方面的性别不平等，但无论是男性还是女性，都能迅速适应新的经济形势，调整到新的经济角色中。与中国一样，越南从上世纪 80 年代中期开始也经历了急剧的经济转型。到 1995 年经济发展以每年 10% 的速度增长，出口增长了十倍，人们生活水平显著提高。男性和女性都从农业向工业和服务业转移，但是部门间就业转移过程中性别之间没有表现出明显的差别。到 1990 年为止，越南仍然是一个以农业经济为主的国家，女性从事农业生产的人数占 73%，男性占 70%。从对越南的研究结果表明，80% 以上的家庭认为经济转型期间基础设施和经济水平的提高改善了他们的生活，并且，尽管男性仍然在家庭中站主导地位，女性仍然是家庭照料和家庭事务的主要承担者，但男性与女性之间的关系有很大改善。

而在中国，经济发展对男性与女性的影响要复杂一些。中国经济以平均每年8% ~9% 的高速向前发展，市场就业模式、人们的消费习惯以及个人生活等都发生了变化。持续的经济扩张为青年女性和女性提供了许多新的就业机会，其中大多数集中在电子、纺织和服装行业。经济转型对劳动力的大量需求致使从事农业劳动的人数比例开始下降，农村劳动力大量向城市迁移。

男性和女性是否同样能从中国的市场转型中受益？这要区分不同的情况。许多城市女性从国有企业中下岗，而很多企业从国营转为集体或私有后，平均性别工资差距开始加大。在农村，改革初期，女性留在农村而男性则出外打工获得非农就业机会，在非农就业转移中滞后于男性。并且，女性进入到非农劳动市场的阻碍仍然很严重，即使能够参与到非农市场中，也会受到性别歧视，女性在非农工作的获得和收入方面都要差于男性。

但是随着农村非农产业的增长，女性非农就业的比例迅速增长。不断发展的农村劳动力市场为女性同样创造了很多新的就业机会。1988 年到 1995 年期间，女性进入非农领域的比例几乎比男性还高。Meng（2000）的研究结果显示，随着农村劳动力市场的解放，当其他因素相同时，女性挣得的工资与男性一样多。性别工资差距在农村没有被拉大。而李实（2001）对山西省农村妇女的就业与收入研究表明，农村妇女劳动力的非农就业机会相对较少，妇女在农业经营中的报酬率高于男性，而在非农经营领域的报酬率明显低于男性，两者的差异主要在于他们获取非农收入方面的差异。

第四节　本章小结

本章首先综述了西方学者关于性别不平等论述的两种主要分析框架：以Becker为代表的家庭经济分析理论和 Sen 的可行能力分析框架，并对可行能力框架的发展进行了总结。传统的福利经济学中，时间被分为市场劳动与闲暇两部分，忽视了无偿的包括照料活动在内的家务劳动。二十世纪六十年代，新家庭经济学理论的创建，提供了从家庭和市场两方面来解释家庭经济行为的基本理论框架。但是其对不平等和福利的解释常常会暗含着家庭内部性别关系的假定，在应用中，个人和家庭经常被看做是一个单位，假定夫妻双方会将收入汇总在一起，或者他们得到的收益是相等的。这种假定是不现实的并且忽视了家庭内部的不平等，这个问题一直到后来出现的集体模型才得到部分解决，Apps-Rees 提出的交换模型提供了在集体模型框架下研究家庭内部性别间时间利用的工具。

而用功能和能力来衡量性别不平等的能力分析框架不仅注重从定量角度、也注重从定性角度研究性别间面临的机会差异，它更关心个人是否具有按照自己的意愿生活和在社会发挥作用的自由，而不是家庭的平均收入。并且，能力方法不仅关心市场，对于市场与非市场的人们的活动的状态和功能都是它所关心的领域。在规范分析中，将福利的非市场的维度包括进来将会揭示因仅仅考虑收入和财富所不能揭示的复杂而模糊的福利分配问题。这一点对于研究性别不平等格外重要。女性主义经济学对能力方法的具体化和进一步发展，使得对于性别不平等问题的研究得以深化和具体化，西方学者提出了研究西方国家性别不平等的能力指标体系，并对时间自主权的性别差异进行了论述。

最后，本章对经济发展对性别不平等问题的经验研究文献进行了总结。经济发展对性别关系的影响是双向的：可以通过改进经济增长模式，创造新的就业机会，增加收入水平，增加对公共设施与服务的投入，打破传统的带有性别歧视的经济利益分配方式，提高女性的相对经济地位，进而减少性别间的差距；也可能因为公共政策的性别盲视，导致女性承受经济结构调整中成本缩减部分的损失，从而加剧性别不平等。可以看出，这些研究对于性别不平等的关注主要集中在市场领域，即工资就业机会的获得以及工资收入部分，较少从人们所从事的各种活动的时间利用角度来综合分析性别不平等问题。

世界范围内的经济转型和经济结构调整对性别间的相互关系产生了深远的影响。已有的研究经济发展与中国农村性别关系领域内的文献注重对市场活动领域中女性的经济地位和福利水平进行研究，对非市场领域内的活动较少关注，而可行能力的理论方法为研究性别差异问题提供了更为宽广的视角和更加直接的利用时间维度来度量的方法。

第三章　中国农村家庭时间利用性别差异的能力分析框架

第一节　中国农村家庭时间利用性别差异分析框架的提出

根据第二章的文献综述，对于性别不平等的理论分析框架主要有两种，一种是以Sen为代表的能力分析框架，一种是以Becker为代表的新家庭经济学的集体模型。

新家庭经济学的Becker-Gronau模型提供了研究经济发展变化导致人们经济行为产生变化的基本理论框架。当市场工资、家庭劳动生产率、家庭非农劳动收入以及经济增长等因素发生变化时，家庭成员的劳动力供给变化情况实际上是对经济发展变化所做出的反应，而在不同生产部门的劳动力供给反映的是人们的时间在各种活动中如何分配的问题，因此，以Becker为代表的Becker-Gronau模型也被称为时间配置理论。Becker-Gronau模型将人们日常生活中的时间由传统的消费与闲暇的二分法改进为三分法之后，不但可以使我们研究劳动力的时间在闲暇、家庭工作以及市场活动之间的配置情况，而且为性别差异研究提供了重要的分析框架。因为，不管是在发达国家还是发展中国家，一些与照料活动和家务劳动相关的家庭工作主要由女性来承担，这部分劳动是无报酬的，对于女性在家庭中经济地位的提高和社会与政治活动的参与有很大的制约性，而这部分活动无论是对于照料的接受者还是提供者而言，其意义都是重要的。因而，Becker在能力分析理论关于性别不平等的论述中，将这部分活动纳入能力分析框架中，强调从有报酬与无报酬两方面的活动来研究性别不平等问题。因而，尽管能力分析框架与集体模型在框架的形成基础方面不同，但是两种分析框架对性别问题的共同关注、以及对于家庭生产的家务劳动以及照料活动等问题的分析，却使它们之间可以互相吸收与补充。尤其是新家庭经济学关于时间分配的定量分析优势，为以能力分析理论为基础的性别不平等研究提供了重要的分析工具。而现实中的许多经济现象是计量方法无法揭示的，以能力理论为基础的相关理论则对此问题进行了必要的定性分析补充。

具体来讲，以 Becker 为代表的家庭生产理论将福利过程看做是一种生产函数，家庭作为一个经济单位，将物品和时间要素结合在一起生产出具有效用的商品。这种思想在与能力相关的文献中也有反映，早期的如 Sen（1985），Muellbauer（1987），Kuklys（2005），近期有 Chiappero（2007）等人。不过，Sen 对将功能看做是由家庭产生的基本物品的合理性提出了质疑，对于以 Becker 为代表的家庭生产理论从三个方向进行了扩展和完备。首先，Becker 的理论将家庭生产函数看做是将物品、时间和家庭工作转化为有用的产出，而能力方法进一步将一个人所能达到的状态和所能做的事情都看做是产出。从这个意义上来说，能力方法允许我们将可利用的资源（市场物品和家庭物品）与一个人可以实现的状态联系起来。其次，Becker 的家庭生产函数中，用来衡量人们福利水平的是单一变量，即效用或收入，而能力方法将其扩展到多元的福利状态，可以使我们定量地分析家务劳动和照料工作的数量和方式如何影响到人们生活的各个方面。最后，无报酬劳动不仅如 Becker 理论中所认为的，可以被看做是可以量化的维度，即家务劳动和照料时间投入的全部数量，也可以从质性的角度来分析。实际上社会再生产活动的价值不仅在于时间投入的市场价值，也在于对照料的提供者和受益者而言，所能实现的功能。

能力分析框架运用能力而不是效用或收入来衡量个人福利的做法，使其对于研究人们所关注的社会性别方面的问题具有巨大的吸引力，被用来研究物质和非物质福利领域中的各种问题。Robeyns（2003）从性别不平等的角度对能力指标所进行的具体化，为我们进一步分析性别间的能力差异提供了可操作性的指导。本文在 Sen 的能力分析框架基础上，从有报酬与无报酬劳动两方面对经济发展过程中农村男性与女性在时间利用方面所表现出来的性别差异现象进行研究。时间分配研究了人们如何将稀有的时间资源在市场工作、家庭生产以及闲暇活动当中分配使用，而时间贫困则度量了人们花费在各种活动之余的时间缺乏程度。由于能力分析框架理论的不具体性，在建立分析框架时借鉴了 Robins 的西方能力指标体系，对人们能力的关注集中在生活质量层面，即有酬劳动、家务劳动和照料等无酬劳动、时间自主权等方面。并且，由于新家庭经济学与能力分析框架在分析家庭时间配置方面的很多共同之处，在具体的劳动时间利用分析中，本文采用了集体模型框架下的 Apps-Rees 的交换模型，并根据中国的具体背景对模型进行了适合中国的分析与扩展，使之适合于研究中国经济发展过程中农村男性与女性时间分配的具体形式，从定量的角度弥补了能力分析方法偏重定性分析方法的不足之处。在此基础上提出了研究中国农村家庭时间利用性别差异的能力分析框架。

虽然 Apps-Rees 的交换模型中仍然沿用了新家庭生产理论将效用作为最终产出的分析方法，但是由于效用函数中加入了时间因素，而时间在有报酬的市场劳动、低报酬的农业生产以及无报酬的家务劳动与照料活动中是分层的，回报是不同的，因此，这种时间分配的不同代表了经济发展过程中农村男性与女性劳动力的不同状态，从这个意义上来说，在不同活动中的时间分配是人们能力的一种表现形式。但是，在实际生活中，时间在闲暇、市场劳动和无报酬的非市场劳动之间的分配很少是个人自由选择的结果，它更多受到家庭、社会和劳动市场特征的影响，尤其对妇女而言。在一个劳动力市场、社会福利体系都建立在男性传统基础的社会中，照料和家务劳动被看做是女性角色的一个自然方面，因而女性在无报酬和低报酬劳动中的时间分配反映了一种社会性别分工。

应该承认，许多性别不平等现象是经济因素不能完全解释的，只能通过社会制度、文化习俗等因素来解释，在成年劳动力的时间利用方式中，运用新家庭经济学的集体模型来分析农村男性与女性劳动力的时间分配，可以解释为由于市场价格的不同，导致家庭内部夫妻间存在着分工，这种性别分工模式导致了性别间经济上的不平等。但是从时间利用的角度分析经济发展对人们福利的影响，正如能力分析理论所认为的那样，不仅可以揭示市场劳动时间投入的价值，更重要的是，研究无报酬的时间利用的意义在于，就非市场的家务劳动和照料活动时间而言，其对于照料的提供者和受益者而言，所实现的功能是不同的。根据家庭内部资源配置理论，成年人的时间分配不但会影响到自身的福利状况，对于家庭其他成员如儿童或老人来说，非市场的照料活动时间投入的质量与数量与他们的健康、营养以及教育等问题是紧密相关的。而家庭中成年男性与女性的时间利用模式对其他人员时间利用的影响研究在一些发展中国家中已经有较多研究。经济发展是否对老年人以及儿童的时间利用模式产生影响？这种影响是否存在性别差异？如果老年人与儿童的时间利用模式也存在着性别差异，就需要用女性经济学的制度理论来进行解释，因为，在儿童中，男孩与女孩的活动是不存在交换的，大多数研究都是以社会制度或习俗来解释这一现象。因而，本文在分析框架中，将家庭成员出外务工对农村留守儿童与老年人时间利用的影响也考虑进来。基于以上几方面的考虑，本文提出了研究中国农村家庭时间利用性别差异的能力分析框架。

第二节　中国农村家庭时间利用性别差异的能力分析框架

一、时间利用能力分析框架提出的研究基础

基于能力方法的西方性别不平等指标体系，主要是针对西方发达国家社会中

所存在的一些性别问题而提出的，并且仍然处于理论的探讨与发展阶段。对于发展中国家来说，西方性别不平等指标体系不一定适用。但无论是发达国家还是发展中国家，男性与女性在时间利用方面表现出了一些共同特点：如对于发达国家的实证研究表明，女性承担了家庭中大部分的无报酬劳动；在发展中国家中，这种状况也是一样的，女性的总劳动负担总是要高于男性；对于研究者们比较关注的市场劳动来说，也都体现出男性参与率高于女性的特征来。因此，在运用能力方法分析性别差异问题时，本文借鉴了 Sen 的能力分析框架和 Robeyns 的能力指标体系中关于生活质量层面的相关指标，研究了经济发展对农村家庭男性与女性以及儿童与老人时间利用的影响作用。当然，能力指标的选取，还需要根据各国社会的实际背景而定，本文关于能力指标的选取，还考虑了以下三方面的因素：

首先，中国的经济转型为农村劳动力提供了大量的就业机会，但男性与女性获得的机会是不一样的，反映在经济改革过程中女性非农就业的滞后。1978 年开始经济改革的时候，中国的农业就业人口占到整个就业人口的 70%，到 2003 年，这个比例下降到了 42%，即 3.13 亿。在这 3.13 亿人当中，每年外出打工超过半年的人数比例占到了一半。并且，随着中国经济的进一步发展和劳动力结构的不断调整，这种趋势还会继续扩大。但是，如果以社会性别的视角来审视经济发展对于农村劳动力流动所带来的影响，可以发现，在劳动力大规模的从乡村向城市、从农业向非农转移过程中，农村男性与女性受到的影响是非常不一样的。也可以说，男性与女性获得的机会是不一样的。这一点，在一些研究中已经得到证实，前文也已经表述过。性别间就业机会的差异说明在经济转型过程中存在着更多的限制女性自由的因素，诸如经济机会的缺乏、市场功能的不健全、社会政策中缺乏性别意识以及公共设施的匮乏等。经济学家通常运用经济因素如工资、非工资收入以及劳动力和消费品市场状况来解释时间使用的性别差异。但是在许多情况下，一些非经济因素如社会传统和文化规范等因素，对人们时间分配的影响比经济因素更重要。社会传统和文化规范所规定的严格的性别分工，限制了女性在新的经济机会来临时所能进行的自由选择。女性主义经济学家认为，男性与女性的能力集在初始状态下是不平等的。在许多情况下，男性的能力集比女性大。例如，对女性来说，由于市场上存在的性别隔离或性别歧视，找到一个合适的工作要比男性困难，因此限制了女性选择的自由，使得女性一开始与男性的能力集就有所差异。并且，社会文化所形成的性别规范和对于男性与女性不同的工作预期对于女性与男性的能力集的制约也不同。女性往往被认为是家庭照料的主要责任者，而男性则被认为是家庭收入的主要挣得者，因此，男性能力集会因为有更多的选择机会而比女性大。这也说明个人可选择的能力集是受到家庭与社会共同影响的。夫妻双方不可能都能完全根据自己的意愿选择是否参加工作而将孩子照料的任务交给对方，只有当女性与男性拥有真正的自由来选择他们希望过的生活时，他们的能力集才会是一样的。但是，女性所做的选择，经常不是她们自愿、真实的选择，她们的选择反映了偏好、约束以及一些社会和个人对于偏好和真正选择的影响。

在中国经济转型过程中，男性与女性是否具有同样的获得经济机会的能力，或者说是否具有实现有价值的功能的真正的机会，直接关系到女性在经济发展过程中的福利水平，只有获得与男性一样的机会，女性才会与男性一样在经济发展过程中获得最大程度的利益。因此，本文能力分析框架的提出也以经济发展中男性与女性所面临的机会差异为主要关注点。对于这种机会差异，本文选取了能够体现人们生活质量水平的有酬劳动与无酬劳动的时间投入数量以及时间自主权来度量这种差异。这与Sen的能力理论的思想也是一致的，Sen的很多思想来自社会选择理论，在他看来，个人的能力是可以与个人的机会集合相等同的，把能力集合进行直接比较是把能力纳入到指标体系中的最直接、最可行的办法。不过，对于这种机会或能力的度量，研究者可以根据自己的研究背景或者研究目标而有所不同，既可以进行总体比较，也可以集中力量将某些个别的变量进行个别比较。从时间利用的角度，对性别间在有酬劳动、无酬劳动中时间自主权的能力差异进行比较研究，来反映经济发展过程中农村男性与女性所面临的机会方面的差异，是本文的主要特点。

其次，现有的研究主要揭示了农村男性与女性在市场参与劳动方面的性别差异。女性参与市场劳动，为她们经济地位的获得和在家庭中谈判权利的提升有着重要的作用，已有的相关研究为本文研究经济发展对性别间在有酬劳动方面时间分配的不同影响提供了参考，但是因为缺乏对性别问题研究的更宽广的视角，也给本研究留下了研究空间。从目前对中国经济转型过程中农村性别关系的研究文献来看，主要关注女性经济地位的变化，即市场参与领域内的活动情况。主要研究成果如：第一，改革开放以来，农村女性在工资收入部分的劳动参与率逐渐上升。研究表明，不断发展的劳动力市场为农村劳动力创造了很多新的就业机会，许多年轻的未婚女性开始大量地进入非农领域，与1990年非农就业的10%相比，到2000年，有超过30%的农村女性参与到了非农就业市场，其中以年轻女性居多。而对于年龄较大的已婚女性来说，在农业生产中发挥着重要的作用。当青壮年男性出外打工后，农业生产率并没有因为女性经营而降低，农业方面的收益也没有减少，女性在农业活动中发挥着重要的作用。但是也应该看到，女性在非农就业领域中的转移落后于男性，并且，女性进入到非农劳动市场的障碍仍然很严重。即使能够参与到非农市场中，也会受到性别歧视，农业与非农劳动中存在的性别差异问题受到学者们的广泛关注。

第二，与男性相比，女性的工资水平变化情况。通过对农村男性与女性收入水平的研究，一些学者认为，由于劳动力市场存在着性别歧视，致使女性在非农工作的获得和收入方面都要差于男性，而妇女在农业经营中的报酬率高于男性。性别间收入差异的主要来源在于他们获取非农方面的收入。但是，也有的学者认为，随着农村劳动力市场的解放，当其他因素相同时，女性挣得的工资与男性一样多。

以上研究主要是针对经济发展过程中女性在经济领域方面的活动参与与工资水平的研究，关注的是女性经济地位的变化。能力方法和集体模型都强调人们的经济地位或权力的作用，获得权力和经济收入是女性获得家庭和社会地位的重要手段。中国乡镇企业和城市经济的迅速发展为农村劳动力提供了更多的工资就业机会，提高了劳动生产率，促进劳动市场的发育和完善，从而为人们提供一种信号，即参与经济活动会获到更多的收益，吸引更多的女性参与劳动力市场。而经济发展所带来的收入的提高和基础设施的增加，对于减轻妇女的劳动负担、增加她们的市场参与和闲暇活动有着直接的影响作用。然而，对人们福利的研究，仅仅关注经济参与活动和工资水平还是不够的，要了解影响性别不平等的更深层次的原因，还应该关注人们花费在家庭中的时间，即被称为减少了工资劳动的那部分时间。

第三，时间利用数据的使用与发展为经济学者们进行无报酬的家庭生产分析提供了有利的工具。家庭生产是妇女经济活动中非常重要的组成部分，也是妇女相对经济地位的一个重要方面。即使在发达国家，人们的收入水平和闲暇时间都显著增加的情况下，工作与家庭责任之间的矛盾仍然存在。在发展中国家，这一问题显得更为严重，许多女性既要花费大量的时间照料儿童、承担家务劳动，又要从事经济活动以维持家庭生活。相关研究表明，过多的承担家庭照料与家务劳动是制约女性参与市场经济活动的重要因素之一，并且，家务劳动的无报酬性质造成了女性在家庭谈判中权力的降低，而对于非市场的无酬劳动，以前一直是研究中忽略的部分。

能力方法对于福利的研究关注于人们进行各种活动所具备的能力，而不是传统的收入或效用，为研究个人福利提供了更为广阔和丰富的维度，尤其是在理解无报酬劳动以及其与个人和家庭福利的关系方面。而新家庭经济学将人们的时间禀赋三分法的做法也为研究家庭时间分配关系提供了定量分析框架。非市场领域中的照料等活动直接关系到与性别平等相关的福利问题，Robeyns（2003）所提出的分析性别不平等的能力指标体系明确地将无报酬劳动与时间自主权结合起来，因为，在女性经济学家看来，性别不平等的很多方面表现在家务劳动和照料责任的分配上。

从福利角度如何解释这些无报酬劳动对人们功能的作用呢？Robeyns（2003）认为，一般来讲，家务劳动和非市场照料对于受照料者来说具有正的效应。因为照料孩子与料理家务是家庭经济福利的一个重要部分，并为市场经济提供大量的补贴，这一观点已经得到广泛的认可。由家庭所提供的大多数的社会再生产活动和照料活动对于提升人们的能力有着显著的作用，可以产生规模经济和正的外部性，从而人们才得以实现其他功能。而对于照料提供者来说，福利效果是不明确的。首先，这些活动对于提供者而言所带来的压力或得到的回报并不一样；其次，无报酬的家务劳动和照料工作应该与衡量福利水平的其他因素结合起来共同考虑，如感情、精神、健康以及社会关系等；最后，时间在休闲、市场和无报酬劳动之间的分配很少是个人自由选择的结果，它更受到家庭、社会和劳动市场特征的影响，尤其对妇女而言。在一个劳动力市场、社会福利体系都建立在男性传统基础的社会中，照料和家务劳动被看做是女性角色的一个自然方面，因而女性在无报酬的劳动中的贡献就很少得到相应的认可，并且社会政策的设计通常会忽视对她们这方面的支持。对于女性无报酬工作的评价和认识就会产生不公正的情况，例如，从劳动力市场来看，一个社会主导的婚姻和家庭意识不同，无报酬劳动的劳动力市场结果也会不尽相同。不管它如何影响女性参加市场劳动，只要女性面对的问题被认为是个人的或是私人的，那么无报酬的照料工作往往会对女性的福利产生负面的影响，有些妇女会调整他们的工作，会放弃就业或减少劳动力供给来满足家庭照料活动。从这个意义上来说，主要由女性所提供的“家庭公共物品”的无酬劳动应该被看做是一种结果或一种功能，来衡量女性与男性在这方面的一种能力差异。

时间利用反映了人们在市场活动、非市场活动以及闲暇活动之间的时间分配情况，以及对于这些分配活动的自由掌控程度。能够自主地掌控自己的时间来分配各种活动是人们的一项重要的自由。花费在家庭中的无酬劳动是影响女性是否参与市场劳动的重要因素，新家庭经济学认为家庭劳动供给只不过是家庭时间配置的一种形式，因而用家庭成员的时间分配方式对劳动供给行为进行分析。如果不考虑家庭生产的情况下，时间的价值等于其边际产品，因此市场工资率就可以反映一个人的时间价值。但是在 Becker 之后，考虑了闲暇和家庭生产后，家庭成员的很多行为如家庭照料无法从市场上得到反映，就需要用新的方法来衡量人们的这部分活动的时间价值。传统的方法是将没有参加市场活动的成员的时间价值与其潜在的工资率的水平进行比较，用来间接反映在缺乏市场机会的情况下，没有进入劳动市场的成员的时间价值。如果家庭成员的时间价值超过其潜在的工资率，她就不会进入劳动市场。相反，在缺乏市场机会的情况下，进入劳动市场的决策则被认为是家庭成员的时间价值低于其潜在工资率。

而时间利用数据的使用与发展为经济学家们进行无报酬的家庭生产分析提供了有利的工具。时间利用调查是对人们在某段时间内所从事的各种活动信息的调查，其中包括人们在每种具体活动中的时间花费。具体时间信息的收集，对于研究男性与女性在有酬劳动与无酬劳动中的时间分配，以及改进对无酬劳动的计量方法、客观反映无酬劳动对国民经济的作用等有着重要的作用。

二、能力指标的选取

中国经济转型给中国农村带来了巨大的社会和经济变化，本文将关注点集中在农村男性与女性在经济发展过程中所获得的机会的差异方面。时间利用数据为研究男性与女性在市场与非市场活动中的劳动力供给与分配提供了有利的分析工具，而这种时间分配活动可以明确地表明男性与女性在经济发展过程中的不同选择，以及社会和经济政策对于人们进行不同活动选择的影响。因此，本文吸取了Robeyns（2003）关于性别不平等指标体系的研究成果，将有酬劳动、无酬劳动以及时间自主权等与生活质量相关的指标作为农村男性与女性的有价值的功能之一，相应地，选取了时间维度作为能力的一项指标对农村家庭时间利用的性别差异问题进行研究，研究性别间在有酬劳动、家务劳动和照料等无酬劳动之间的时间分配问题和总劳动时间的时间贫困问题。

（1）时间分配

在新家庭经济学中，时间与收入是产生效用的两个重要的资源。家庭既是消费单位，也是生产单位，当研究者们将时间成本与市场物品的成本同等看待时，便将传统的在工作和闲暇之间选择的理论往前推进了一步，研究的是市场工作、家庭生产和闲暇之间的选择。家庭将从市场上购买的物品和其拥有的时间禀赋结合起来，生产出更基本的、可以直接进入效用函数的物品。家庭生产是指家庭内部的物质产品生产，市场工作是指家庭外部的市场产品生产，这些生产活动都需要家庭的人力资源、物质资源和时间资源，产生的收益就是收入；闲暇是另一种家庭生产活动，是一种直接生产满足的方式，它能满足家庭成员享受的需要。市场工作、家庭生产以及闲暇之间存在着一定的替代关系，单纯的闲暇意味着对工作收入的放弃。如果工作时间的价值高，家庭就会增加对市场工作的时间分配；反之，则会增加对家庭生活和闲暇时间的分配。当工资率上升时，意味着单位小时的工作投入会带来更多的商品或收入，家庭就会增加市场工作时间，减少家庭劳动时间，同时闲暇相对来说也会更昂贵，家庭就会倾向于消费较少的闲暇，将更多的时间分配到市场劳动中获取更多的收入。在工作时间的分配上也一样，如果是市场工作的时间价值高，家庭就会向市场增加劳动力要素；反之，就会增加家庭生产的工作时间。

家务劳动的分工则体现出相对优势的原则：市场生产率高的一方会将工作时间主要用于市场工作，家庭生产率高的一方就会把时间主要用于家务劳动，从而获得家庭最大量的收入与闲暇。市场劳动参与是家庭获得收入的主要途径，家庭成员会在市场参与与不参与、投入多少时间去工作以及从事什么样的工作之间选择，既可能是一种主动的选择，也有可能是一种无奈的选择。经济学家通常运用经济因素如工资、非工资收入以及劳动力和消费品市场状况来解释时间使用的性别差异。但是在许多情况下，一些非经济因素如社会传统和文化规范等因素，对人们时间分配的影响比经济因素更重要。社会传统和文化规范所规定的严格的性别分工，限制了女性从事一些生产效率较高的经济活动的机会，导致劳动力的时间分配是根据非经济标准来分配的，无法准确反映对市场和价格信号的反应，劳动市场的功能不能很好的体现出来。

Robins（2003）认为，时间利用的性别差异是导致性别不平等的一个重要的方面，人们的时间主要花费在三方面的活动中，即市场工作、家务劳动和非市场的照料活动以及闲暇活动。许多研究认为性别不平等的关键是性别劳动分工的不同，也就是说男性和女性在市场、非市场以及闲暇活动的时间分工和责任不同而已。然而家庭内部时间分配的不同往往是集体而不是个人自己的决定，是受到个人、家庭以及社区特征的影响的。这种性别分工是不公平的，对于女性而言是不利的。如果将关注点仅仅集中在人们在有报酬劳动中所投入的数量以及她们是如何在不同的活动中分配时间的，对于人们福利的研究可能会得到不完整的甚至是错误的结果。正如 Sen 所言，性别不平等最终是一种自由的不平等。从福利角度来看，能力框架能够在人们所必须做的活动和人们能够选择的活动之间进行明确的区分，对于理解时间分配过程及其后果后面的性别不平等关系是有帮助的。

因此，本研究中，首先选取了 Robeyns 概念框架中的时间维度作为衡量农村劳动力性别间能力差异的一个指标，并进一步从时间分配与时间贫困两方面来分析农村男性与女性的时间利用问题。时间分配是用来衡量劳动力在不同的活动之间的劳动力资源配置的问题。由于男性与女性在市场与无报酬劳动之间分配的极不均等性，在对农村男性与女性的时间分配进行分析时，除了考虑市场劳动时间分配外，将家务劳动和非市场照料活动以及无报酬劳动的时间利用也做了分析，了解男性与女性在不同活动中的时间分配，对于研究男性与女性在经济发展过程中的福利水平变化很有意义。用于工资劳动的时间分配可以使女性获得收入资源，影响到其在家庭中讨价还价的能力，从而进一步影响到其在家庭内部资源分配的决策权。而将时间过多地分配到无报酬的家务劳动和低报酬的农业劳动中则不利于个人在社会中的发展和在家庭中决策地位的提高。

（2）时间贫困

从时间利用的角度，而不是从劳动参与率的角度研究性别间时间分配的差异，有助于揭示性别间劳动负担的变化以及人们的时间受约束情况。自 Becker（1965）首次把时间作为一个限制条件引入经济分析以来，越来越多的经济学者们认识到，个人与家庭福利不仅取决于收入和消费，还取决于人们对时间支配的自主权。当个人面临着多项活动的时间冲突时，不得不减少没有约束的时间分配的选择能力，导致只能通过增加工作强度来平衡不同的活动需求，这种情况也被称作为“时间贫困”。按照这种定义，不管是处于任何收入水平的个人或家庭都有可能受到时间贫困的困扰。但是迫于生存压力状况下的时间贫困与为了追求更高生活质量的时间贫困对人们的福利影响有可能是完全不一样的。因而，Verkey（1977）以及后来的 Bardari 与 Wodon（2009）等人在研究时间贫困问题时，将家庭的收入约束考虑进来，用时间贫困的概念来衡量那些受到时间和收入双重约束的人们的一种时间自主能力。

时间贫困是时间利用分析中一个较新的研究内容。在西方发达社会，随着经济的不断发展与社会进步，女性的市场参与率越来越高，然而，女性并没有因为参与市场劳动而减少家庭责任，相反，既要与男性一样参与市场工作，又要照顾家庭，即使人们的收入水平和闲暇时间都显著增加的情况下，女性在家庭中无报酬的家务和看护劳动并没有显著的变化。这样“双重工作日”的现象就发生在很多工作中的女性身上，工作与家庭责任之间的矛盾仍然存在，成为西方后工业化社会的一个新的社会问题。而在发展中国家，这一问题显得更为严重，与市场劳动相关的时间以及家庭照料等家务劳动时间分配，对于家庭脱离贫困有着重要的意义。同高收入国家相比，低收入国家的女性往往面临更严重的时间贫困，尤其是在一些缺乏公共基础设施的农村地区。近年来世界银行在研究贫困问题的时候发现，尽管在一些发展中国家中，为促进当地经济发展而建立的劳动力市场建立了起来，但是能真正走出家门参与到劳动力市场的女性却很少。由于水、电、道路等基础设施差，家庭服务市场缺失，低收入国家和地区的女性不得不在打水、砍柴、为家人准备食物等家务劳动上花费许多时间。由于买不起可以节省时间的家庭耐用品，低收入家庭的女性也要在家务劳动上花费许多时间。低劳动生产率和低工资也迫使许多人不得不通过延长劳动时间来摆脱收入贫困。可以说，时间贫困的性别差异是社会性别矛盾与地区差异相互作用的结果。

由于时间贫困而产生的福利影响是值得人们重视的。当人们从事长时间的市场与非市场活动，个人或家庭成员由于时间贫困而不得不增加工作强度或者在不同的活动之间进行权衡，如果这种情况发生在收入或资产比较贫困的家庭，将会对家庭成员的福利产生不利的后果。贫困的家庭主要依靠家庭成员的时间和劳动力供给来提供生存所需要的物品和服务。当面临严重的时间约束，并且缺乏经济资源来获得市场替代品时，这些家庭会在影响家庭成员福利水平的活动之间进行权衡，这种权衡的结果有可能导致“收入贫困”。因为，一些非市场劳动的低生产率往往会花费很多的时间，或者是劳动密集型的，从而减少了可以用来从事一些生产效率高的活动的时间。另外，由于非市场劳动严格的性别分工，使得女性难以有效地利用经济机会参与到市场活动中。

尽管在市场劳动中女性的时间投入低于男性，但是从总劳动时间来衡量的话，女性每天的平均劳动负担比男性要多一个多小时。由于女性在工作和照料孩子方面承担着双重责任，料理家务和照料小孩等家务劳动对于儿童以及其他被照料者的健康有重要的意义，尤其是在缺乏收入来购买所需要的物品和服务的发展中国家更是如此。如果在某种活动中时间花费的增加，增加了女性的总负担，女性劳动负担的增加不但减少了女性自身的休闲时间，对于女性的健康和个人发展空间也有负面影响。从儿童和老年人的角度来讲，成年女性劳动负担的增加，有可能会因为时间贫困而将这种负担通过劳动替代转移到儿童或老年人身上，从而影响到家庭中儿童与老年人的时间利用模式。

在研究性别问题时，能将时间利用约束与收入约束结合起来一起分析，有助于对人们所必须做的活动和人们能够选择的活动之间进行明确的区分，对于理解时间分配后面所蕴含的性别关系有重要的意义，因此，本文将时间贫困也引入到研究性别差异的能力分析框架中。

三、对 Apps-Rees 交换模型在中国适用性的分析

前文分析表明，新家庭经济学的 Becker-Gronau 模型不但提供了研究经济发展变化对人们时间分配产生影响作用的基本理论框架，而且可以被用来进行家庭内部性别关系分析。但是上述模型是在“一致性模型”框架下分析家庭资源分配的，这种模型将个人和家庭看做是一个效用最大化的单位而不考虑家庭内部结构，对家庭内部男性与女性在市场劳动、家庭生产等时间分配方面的性别差异问

题的解释力度很有限。

对 Becker-Gronau 模型从家庭内部结构角度进行改进的是“集体模型”。集体模型克服了一致性模型在解释家庭内部资源分配中的缺陷，将家庭视作一群有着不同效用函数的人，每个人的消费和劳动供给在面对给定的市场工资率下达到帕累托有效配置，从而引入了夫妻双方讨价还价的决策过程。Chiapporri 等人进一步将集体模型扩展为含有分配因素的模型，使其更符合现实生活中的家庭资源分配。但是集体模型仍然不考虑家庭生产，还是在消费 - 闲暇框架之内进行讨论的，因此，Apps-Rees 交换模型在集体模型框架之下，将家庭生产引进来，这样从市场、非市场和闲暇三部分时间来分析家庭成员之间的时间配置问题。不过，Apps-Rees 交换模型在中国的适用性如何，还需要根据中国农村的经济发展情况具体分析。

（1）中国农村经济发展

改革开放以来，中国经济发展和结构变化的重要特征是农业份额下降，工业与第三产业份额提高。造成农业份额下降的原因主要有两点：一是随着经济发展，人均收入水平提高，食品消费在人们生活消费支出中的比重相对下降。这种需求结构的变化导致农产品具有较小的收入需求弹性。二是农业比较优势下降。随着经济发展，资本等可再生性生产要素得到积累，而土地、劳动等要素则表现出相对稀缺的趋势。因此，较多利用土地、劳动的农业部门，与较多利用资本的非农部门相比，比较优势相对下降。

产业结构的调整带来的是劳动力在不同产业间就业结构的变动。由于农业劳动生产率的提高速度慢于其他产业，从而导致农业部门的就业率迅速降低，农村劳动力迅速向制造业以及服务业等非农部门转移，并引发了大规模的农村劳动力从农村向城市迁移。

Lewis 提出的二元经济模型认为，从乡村到城市的人口迁移是一种劳动力平衡机制，劳动力从劳动力过剩的部门向劳动力不足的部门转移，最终实现两个部门中工资或收入的均等。这个模型的核心是二元经济：一端是存在大量劳动边际生产率接近于零的传统农业，另一端是能实现充分就业的现代城市工业。经济的发展既依赖于工业的扩张，也依赖于农业部门能够提供大量的廉价劳动力。

二元经济理论框架中，工业部门被认为具有强大的提供就业岗位的能力，然而，一些实证研究表明，这个假设并不符合一些发展中国家的情况，中国也是如此。中国是一个如 Lewis 模型所说的具有典型二元经济结构的农业大国，农村中存在着大量剩余劳动力，而城市正在进行的工业化和城市化的发展提供了大量的就业机会，但中国工业化对农村剩余劳动力转移的作用却比较小，这是因为在工业化的初期，中国选取了优先发展重工业的道路。

20世纪50年代，中国实行的是优先发展重工业的战略。重工业优先发展的战略，对于城乡人口和农村劳动力迁移形成了两重障碍，一是以重工业为主的工业增长所创造的就业机会较少，吸纳农业剩余劳动力的能力弱；二是按计划配置劳动力的体制为劳动力在产业间和区域间的转移设置了障碍，阻碍了农村剩余劳动力的自由流动。

以家庭联产承包责任制为主要内容的农村经济改革，极大地提高了农业劳动生产率，把农村劳动力从种植业中转移出来，首先进入林业、牧业、渔业以及副业等生产领域中。20世纪80年代乡镇企业的迅速发展，给农民提供了大量非农就业机会，农村劳动力以就地就近转移为主，非农收入开始成为许多农民家庭收入增长的主要来源之一。80年代中期以前，农村劳动力转移的特点被概括为"离土不离乡"，这是农民从农业向工业第一次大规模的劳动力转移，与此同时，农民平均收入稳步增长。

从90年代初起，农业就业份额不仅继续下降，而且农业就业绝对数量也开始减少。由于农业劳动生产率的提高速度慢于其他产业，从而导致农业部门的就业率迅速降低，这种农业份额在总产业部门中的下降趋势在世界上几乎所有的国家都得到证实。产业结构调整导致的工业化推动了城市化。城市一方面为工业发展提供了良好的外部条件，另一方面也吸引了大量的就业者。而乡镇企业吸纳就业的能力明显下降，在这种背景下，农村劳动力大规模地流向城市寻找工作，出外打工成为农村劳动者得到非农工作的重要途径。

与其他发展中国家以及发达国家早期发生的劳动力迁移一样，迁移一般包括两个过程，一是劳动力从迁出地转移出来，二是这些迁移者在迁入地定居下来。然而，中国比较严格的户籍制度以及不完善的劳动力市场，使得迁出者们难以在迁入地长期居住下去，而一些制度性因素，导致城市劳动力市场具有分割性，迁移人口只能在一些非正规部门从事一些繁重的体力劳动。并且，中国的劳动力流动表现出很大的特殊性，是一个既有流出又有回流的过程，表现出"候鸟"式的迁移特征来。农民就业也表现出兼业的特点，既从事农业劳动，又从事工资等非农劳动。同时滞留在农村的农民根据市场需要，在农村发展以乡镇企业为主体的非农产业，形成了中国农村特有的非农化特征。正是因为中国农村劳动力在就业结构转移过程中所表现出来的特殊特征，因而，中国农村劳动力的时间利用主要分配在农业、自雇经营、工资性劳动以及家务劳动和照料活动中。

根据以上分析，本文认为，对中国农村家庭时间利用的性别差异问题的研究，需要充分考虑中国农村劳动力市场不完善、农村劳动力的时间利用在多种经营活动中分配的特点，在 Apps-Rees 交换模型中引入农户模型，以解决农户生产与消费决策的不可分离性问题，在个人的效用函数中引入农户的生产函数，从而使模型更接近中国农村的实际情况。这时，就需要采用 Apps-Rees 交换模型的扩展形式，即加入农户生产函数的交换模型，家庭成员的时间配置就不仅取决于非劳动收入、市场价格、工资或收入等市场因素，还取决于家庭有多少劳动力、资产、土地等家庭偏好和家庭生产率等家庭因素。

（2）Apps-Rees 交换模型的扩展形式

由于中国农村劳动力就业形式与发达国家明显不同的特征，在分析中国农村的时间配置问题时，需要根据中国农村经济发展的实际情况进行分析。本文仍然采用集体模型框架，假定在家庭中每个人都有一个效用函数，在整个决策过程中家庭总效用取决于每个参与者的影响。由于中国农村市场的不完善，农户生产的物品一部分用来自己消费，一少部分用来进行市场交换，因而，交换模型中需要加入农户模型的生产函数。在效用函数里加入家庭自己生产的消费品，比较符合中国农村的情况。因此，本文采用 Apps（2003）对 Apps-Rees 交换模型所做的扩展形式来对中国农村家庭性别间时间利用模式进行分析。

以代数形式表示农产品的生产函数为：

$$c = g(f_1, \cdots, f_n) \tag{3-1}$$

c——农户的全部农产品产出；

f_i——成员 i 在家庭农业生产中的劳动时间投入。

假定其是单调递增且拟凹的，这时农户的最优化问题为：

$$\max U = \sum \rho_i u_i(x_i, y_i, z_i, c_i) \tag{3-2}$$

ρ_i——家庭成员 i 的权重；

c_i——家庭成员 i 在农业产品中的消费。

受约束于：

$$c = g(f_1, \cdots\cdots, f_n) \tag{3-3}$$

$$y_i = k_i h_i, i = 1,2 \tag{3-4}$$

$$\sum (x_i + qc_i) = \sum (w_i m_i + v_i) + qc \tag{3-5}$$

$$z_i + h_i + m_i + f_i = T, i = 1, \cdots\cdots, n \tag{3-6}$$

$$y_i, z_i, h_i, m_i, f_i \geqslant 0, i = 1, \cdots\cdots, n$$

q——家庭成员消费的农业产品的市场价格。

省略其繁琐的推导过程，最后可以得到以下几种决策结果：

1）每个家庭成员既兼业（农业与非农劳动）又做家务劳动，市场工资等于家庭劳动力的边际产品，既等于农业生产的边际生产率，又等于家务劳动的边际生产率。

$$w_i = qg_i = p_ik_i, p_i = \frac{w_i}{k_i}, i = 1, \cdots, n \tag{3-7}$$

2）家庭中至少一人参与市场劳动，不做家务劳动，其工资等于农业生产的边际效应，但是大于投入家庭生产的回报。这种情况比较适合中国农村男性，他们大多不从事家务劳动，但是从事农业与工资等非农劳动。

$$w_i = qg_i > p_ik_i, p_i < \frac{w_i}{k_i} = p_i^* \tag{3-8}$$

3）与农业劳动生产率比，如果市场劳动价格比较低，女性会放弃非农劳动市场参与。这时家庭中丈夫出外打工，妻子则从事农业生产与家务劳动。这种情况与中国农村有些家庭的情况很相似，当市场工资劳动面临着性别歧视时，女性市场工资低，就会留在农村务农、照料家庭，出现农业劳动女性化的现象。

$$w_i < qg_i = p_ik_i = w_i^*, p_i = \frac{w_i^*}{k_i} \tag{3-9}$$

4）完全从事家庭生产

$$w_i < p_ik_i, qg_i < p_ik_i = w_i^*, p_i = \frac{w_i^*}{k_i} \tag{3-10}$$

中国经济发展的特殊性表明，城市在为工业发展提供了大量的就业岗位的同时，对农村剩余劳动力转移的作用也是有限的，农村劳动力和要素市场的不完善，使得在研究经济发展对农村家庭性别间时间利用模式的影响时，仅仅考虑市场影响是不够的，男性与女性劳动率的时间影子价格会根据农户间劳动生产率和偏好的不同而不同。农户的时间利用模式将会受到农户的家庭规模、年龄、性别构成、耕种土地以及资产设备等因素的影响，不同的家庭要素情况不同，影子价格就不同，家庭的边际劳动生产率也不同，这种情况下，家庭的时间分配就取决于每个家庭的偏好问题，而不仅仅是受市场调节。

经济发展所带来的就业机会的增多，使农村劳动力从农业部门转移到非农与工资劳动中，因而农村劳动力主要从事的经济活动包括农业、自雇经营、工资性劳动以及家务劳动和照料活动等。当农村男性与女性所面临的非农就业机会以及工资收入存在性别歧视的情况下，他们在家庭中所作出的选择是不一样的。

经济发展通过农业机械化和技术改变减少人们在农业部门的投入时间，且农业部门的低回报导致从事农业生产的劳动力比例降低，时间投入减少。受劳动力市场歧视和社会传统性别规范影响，男性开始向经济农作物和制造业等工资性劳动转移，而女性仍多从事于生产效率较低、劳动密集的农业活动。

经济发展会增加非农就业部门的工资，而工资增长所带来的价格效应和收入效应会对人们的时间分配产生相反的作用，工资的增长会通过价格效应增加非农劳动供给，而通过收入效应减少劳动供给。工资增长带来的净效应如何则需要经验研究来验证。由于工资和影子价格中存在的性别差异，男性与女性在农业以及非农中的时间分配会受到家庭偏好和劳动生产率的不同而不同。

经济发展对于家务劳动的影响效果是不确定的。一方面，基础设施的增多和家务劳动市场替代品的出现减少了女性在家务劳动中的时间花费。另一方面，收入的增加提高了人们对家庭生产物品和服务的需求，女性会增加家务劳动时间。因此，经济发展对农村男性、女性家务劳动的影响，取决于在正负两方面作用的影响下，哪方面的影响更大。

在中国农村，时间配置是分层的，家务劳动是无报酬的，收入回报最低的是农业生产，其次是自雇经营，而工资性劳动收入回报是最高的。一般来说，男性因为市场工资高容易从事非农生产或者兼业，而女性在劳动分工的分层中是向下走的，承担了大部分的无报酬劳动。因而，时间分配的性别差异可能导致收入上的差异，反映的是一种能力上的不平等。

第三节　中国农村家庭时间利用性别差异的分析框架图解释

图 3 - 1 是根据上述分析所勾画的研究中国农村家庭时间利用性别差异的分析框架。该框架根据能力方法的思想，从时间利用的角度，揭示了经济发展对农村男性与女性产生的不同影响。对于农村成员的时间利用，本文从时间分配与时间贫困两方面进行研究。对于时间分配，将从有报酬的市场劳动时间和无报酬的家庭劳动时间两方面进行研究，主要关注男性与女性在有酬与无酬劳动方面的时间利用差异，尽可能全面地衡量人们在各种活动中的时间投入。时间贫困则通过男性与女性受到时间贫困影响的概率大小来研究他们在受到收入约束情况下的时间总投入的差异，与时间分配相同的是，时间贫困也是通过人们在市场劳动时间和无报酬的家庭劳动时间两方面的时间利用来研究的。不同的是，时间分配是将时间利用分成有酬劳动与无酬劳动两方面，研究男性与女性在这两种不同的劳动类型中的不同分布。而时间贫困是将这两种类型的劳动结合起来，从总量上来研究劳动时间投入上的性别差异。

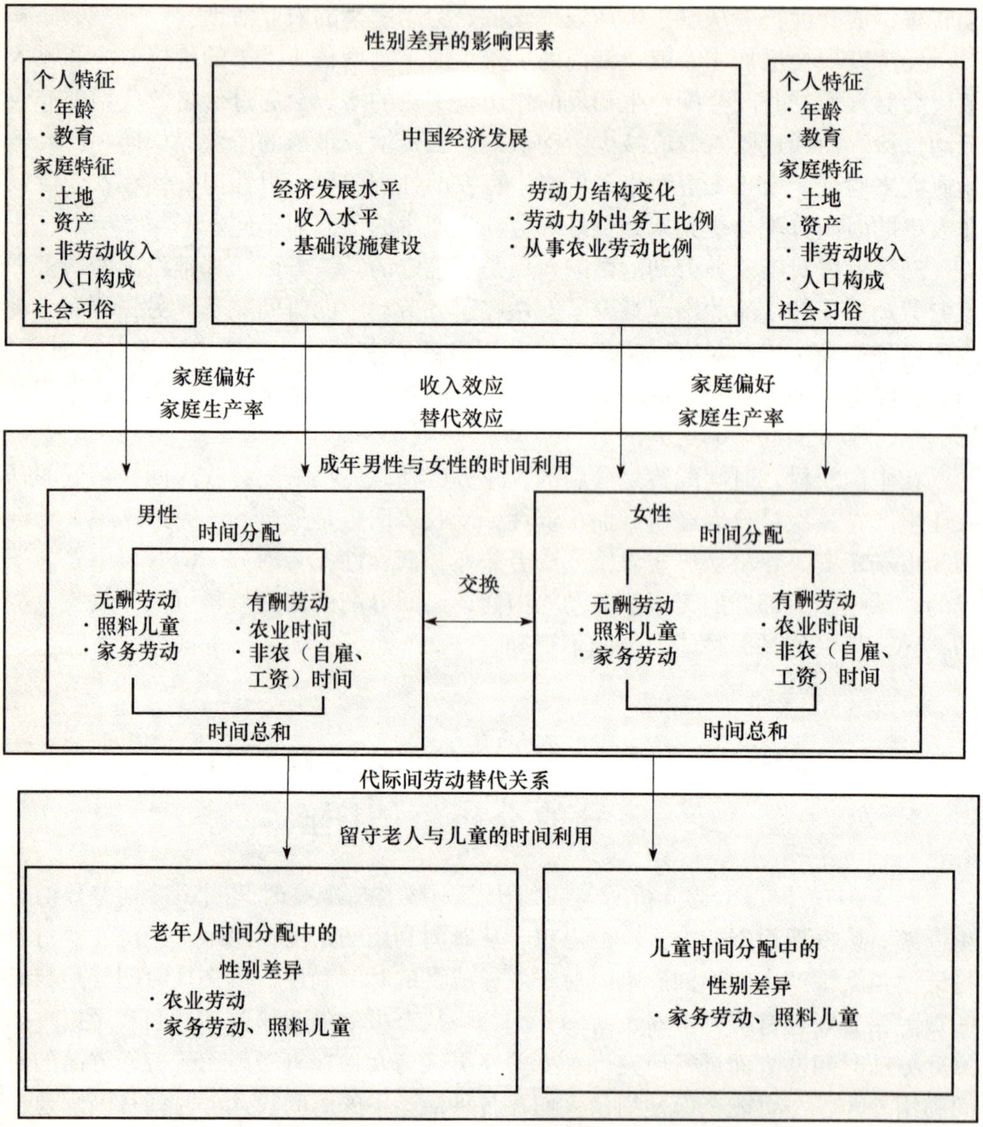

图 3－1　中国农村家庭时间利用性别差异的能力分析框架

框图的上面部分显示了性别间时间利用差异的影响因素。影响性别间时间利用的因素主要来自三个方面，即个人特征，主要包括个人的教育水平、年龄、性别等；其次是家庭特征，包括家庭土地、资产、非劳动收入以及人口构成等；再次是社会与环境特征，包括经济方面的因素如市场、经济结构等，以及非经济的因素如社会规范、法律制度、公共政策等。为了揭示中国经济的迅速发展对于农村家庭成员时间利用的影响，分析框架从两个方面来度量这种经济转型期的特点，一是当地的经济发展水平，用村级收入水平和基础设施建设来度量，基础设施建设包括社区道路、电力、水源、幼儿园等公共设施的配备情况。二是劳动力结构变化，主要指当地从事农业劳动的人数比例以及村出外打工的人数比例，来反映受农村经济结构调整的影响，农村男女劳动力在时间分配模式方面的变化情况。

为了进一步了解经济发展对农村男性与女性时间利用所产生的影响后果，本文还研究了农村留守儿童与老年人的时间利用模式。中国农村经济发展的一个重要特征便是劳动力大规模的向城市迁移，当成年男性或女性劳动力从当地劳动力市场迁出后，会对家庭留守成员的时间利用方式产生什么样的影响呢？如果劳动力、土地等要素市场完善以及家庭服务与照料替代品普遍可及，家庭成员出外打工会增加留守人员的非劳动收入从而减少他们的劳动时间、增加他们的闲暇时间。但是如果农业劳动力和土地市场很不完善，家庭服务与照料替代品稀缺时，农户们基本依靠家庭成员来满足对农业生产和家庭服务的需求。在这种情况下，一个家庭成员出外打工会引起留守家庭成员之间一系列的劳动时间替代。而如果这种时间使用替代发生在传统男女家庭分工模式中，女性会更多的承担经济回报低的农业劳动和无偿的家务劳动。

第四节　对分析框架的验证思路

分析框架指出了对性别间能力差异进行分析的指标、影响因素以及后果，如果运用时间分配和时间贫困对农村男性与女性的时间利用所进行的实证分析符合假设提出的性别关系，则表明分析框架能够揭示经济发展对于中国农村家庭性别间时间利用的不同影响作用。

从本章的分析框架中可以看到，经济发展对中国农村家庭性别间时间利用的影响主要通过以下几种方式产生作用的：（1）经济发展所带来的劳动力就业结构从农业向非农领域的转移，会增加劳动力参与非农劳动的时间投入，减少他们在农业中的时间投入；（2）经济发展会增加非农就业部门的工资，而工资增长所带来的价格效应和收入效应会对人们的时间分配产生相反的作用，工资的增长会通过价格效应增加非农劳动供给，而通过收入效应减少劳动供给。由于工资和影子价格中存在的性别差异，男性与女性在农业以及非农中的时间分配会受到家庭偏好和劳动生产率的不同而不同；（3）经济发展导致的基础设施的增多和家务劳动市场替代品的出现会减少女性在家务劳动中的时间花费；但收入的增加提高了人们对家庭生产物品和服务的需求，女性会增加家务劳动时间。（4）经济发展导致大量的农村劳动力外出务工，如果当地劳动力市场不完善时，家庭中老年人和儿童有可能会承担部分成年人的劳动。并且，男性老人与女性老人、男童与女童受到的影响也会因为社会性别规范的不同而有差异。

根据分析框架，本文提出以下基本假设：经济发展对农村男性与女性的时间利用影响不同。根据前文对于时间利用的分析，本文对农村成年男性与女性时间利用的度量，从他们在农业、非农以及家务劳动中的时间分配，以及三种活动的总时间和是否达到时间贫困来分析。为了验证基本假设，提出可以操作性的假设，根据中国农村经济发展的特点和已有的经验研究，本文采用四个村级指标对经济发展进行了细化。首先选用了两个代表当地劳动力结构变化和迁移机会的变量，劳动力结构变化用村级从事农业生产的劳动力比例来衡量，迁移机会用村中有出外打工人员的家庭在村中所占的比例来衡量。其次，选取了村级一些公共基础设施如村里是否通电、是否有修过的道路、是否有电话以及村中是否能得到饮用水等来衡量当地的基础设施建设水平。第三，选用村人均收入水平来代表经济增长水平，以获取结构变化、迁移机会和基础设施建设等变量无法获取的信息。

在此基础上，本文提出以下几个一层和二层假设：

假设1：经济发展对农村男性与女性农业、非农以及家务劳动的时间分配影响不同。

假设1a：经济发展水平和劳动力结构变化对农村男性与女性在农业生产中的时间投入影响不同。

假设1b：经济发展水平和劳动力结构变化对农村男性与女性在非农劳动中的时间投入影响不同。

假设1c：经济发展水平和劳动力结构变化对农村男性与女性在家务劳动时间方面影响不同。

假设2：经济发展对农村男性与女性时间贫困产生的影响不同。

假设2a：与男性相比，已婚女性可能更容易受到时间贫困的影响。

假设2b：经济发展水平和劳动力结构变化对男性与女性时间贫困的影响不同。

假设3：经济发展会对留守老年人与儿童的时间分配产生影响。

假设3a：丈夫出外打工会对妻子的农业、家务劳动时间投入产生影响。

假设3b：父亲外出打工会对儿童家务劳动时间产生影响，并且对女孩的影响更大。

假设3c：家庭成员出外务工会增加老年人农业劳动或家务劳动时间，老年男性与女性受到的影响可能会不同。

本文将以上基本假设和一、二层假设形成框图，具体内容见图3-2。

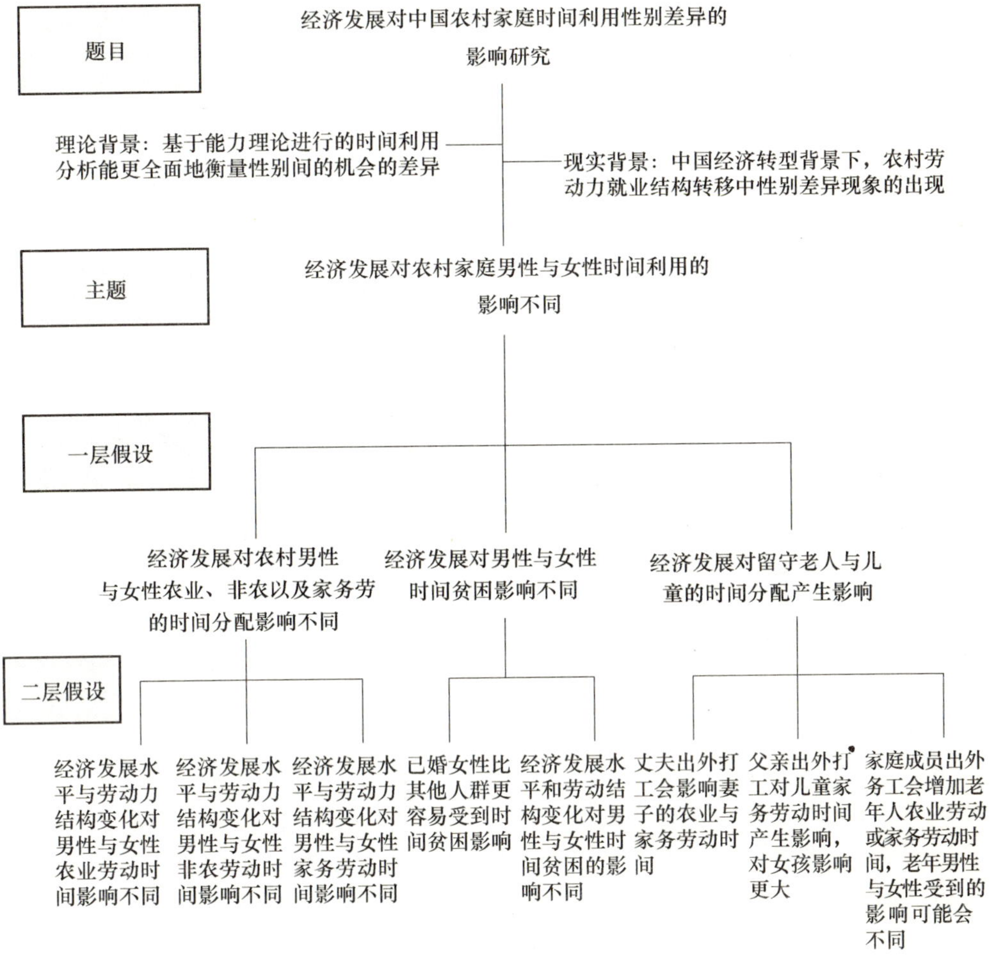

图3-2　研究假设的验证思路

第五节　性别间时间利用差异的影响因素

在确立了分析农村家庭时间利用的能力指标和分析框架之后，本小节进一步对影响性别间时间利用的因素进行了总结与梳理。根据能力分析理论，人们利用所拥有的资源与物资在实现功能的转化过程中，受到三种类型的转换因素的影响。

首先是个人因素，即个人的年龄、性别、教育、健康等，这些因素影响到个人如何将物质等资源性的物品转化为功能。在这个转化过程中，男性与女性的生理特征、教育水平以及健康状况所存在的差异，使得转换的效率也各不相同，但没有理由认为女性的转换率一定比男性就低。年龄和身体代谢状况、疾病、能力以及天赋是男性与女性之间正常的特征，一个人是否健康的可能性是均等分布的。在发展中国家中，女童的营养、健康差于男童，她们往往受到营养不良、差的医疗条件以及性别歧视等方面的影响，同时教育上还存在着差异。新古典“集体模型”认为，个人的教育水平、知识、技能以及获取信息的能力都会影响到个人在家庭中的谈判能力，进而影响到人们在家庭中的资源分配状况，这正是影响性别不平等的重要因素之一。

其次是家庭因素。家庭作为最基本的生产和消费单位，在人们早期关于性别关系观念的形成中起着重要的作用。儿童性别角色的形成受到家庭资源分配的影响，家庭在食物分配、健康照料。受教育权利等方面歧视女童的做法，造成了女性的营养不良、低的教育水平以及参与劳动力市场和社会事务的有限性。在青少年时期，家庭花费在男孩身上的教育支出往往大于女孩，而女孩在家庭中做家务和照料幼儿的时间会更多。当家中幼小的孩子生病后，女孩会增加在家照料孩子的时间，这种照料活动是以牺牲她们上学时间为代价的。当她们长大成人后，这种劳动的性别分工会使得女性比男性在家庭中干更长时间的活，而参与劳动市场的机会较少，经济上会依赖男性。无论是在发达国家，还是发展中国家，劳动的性别分工方面都表明，男性在市场上的工作时间长，而女性在家庭中的劳动时间长。而且，女性往往会在照料儿童的同时，还要从事一些家庭生产性的活动，如务农。即使女性参与到劳动力市场工作，她们仍然承担着大部分的家庭劳动责任。

新古典的“集体模型”认为，家庭内部的资源分配决策反映了家庭成员的不同偏好，也反映了性别间对于资源的控制权的不同，如收入、资产和教育等。许多重要的决策也是在家庭中进行的，如在儿子与女儿之间的教育与健康投资、参与劳动力市场或闲暇等。夫妻双方中对资源的控制权和谈判权占优势的一方会影响到家庭的资源分配。什么因素会影响到夫妻双方在家庭中的谈判地位呢？大量的经验研究证明，对于经济资源的控制权如家庭资产、非劳动收入、转移支付等是影响夫妻谈判地位的主要因素之一。

家庭土地、资产以及家庭人口构成也是影响性别不平等的重要的家庭因素。如果劳动力、土地等要素市场完善以及家庭服务与照料替代品普遍可及，那么，家庭可以从市场上雇到所需要的劳动力或者得到替代品。但是在发展中国家的农村，尤其是中国农村，农业劳动力和土地市场很不完善，家庭服务与照料替代品稀缺。农户们基本依靠家庭成员来满足对农业生产和家庭服务的需求，当家庭成员面临时间贫困的约束时，那些家中有幼儿的妇女通常会减少在家庭外工作的机会转而退出劳动力市场，进一步增加她们对于男性的经济依赖，进而影响到她们的经济地位。这样，即使她们日后重新想再回到劳动力市场，知识、技能等人力资本的折旧会使她们受到歧视，在走向市场工作时会面临较低的工资率。而家中大一点儿童的数量，尤其是女孩的存在会减少妇女在各种家务劳动中的时间投入，她们会替代母亲照料幼儿和做家务等劳动，这样做的后果对于女孩的教育与健康的影响也引起了人们研究的关注。

最后是社会与环境因素。社会与环境因素主要包括经济结构、基础设施、劳动与商品市场等经济因素，以及一些非经济的因素如公共政策、社会规范、法律制度等。不过，Ilahi（2000）认为，在许多情况下，与一些非经济因素如社会和文化规范相比，这些经济因素的重要性应该放在第二位，社会和文化规范所规定的严格的性别分工，是影响性别不平等的重要因素。社会规范使得人们在生产领域以及再生产领域的劳动责任性别分工更为明显，社会规范将一些无报酬的活动，如照料孩子、照料病人和老人以及家务劳动看做是妇女的工作，而男性往往承担着家庭责任之外的市场工作。女性的劳动时间根据非经济的标准来分配，有时难以反映劳动力对于市场或价格信号的反应。并且，这种劳动力分配中的性别模式，使个人在面对经济机会重新分配劳动供给以最大化生产率和效率时，其效用有可能是非常有限的。因此，社会经济状况如配偶的年龄、教育水平以及孩子的数量和年龄只能对这种男女劳动性别分工的差异进行部分解释，用不充分的公共政策、文化规范和行为模式来解释这种性别间的不平等似乎已被人们所接受。

新古典主义经济理论认为，在完全竞争条件下，性别工资歧视的产生来自于雇主、受雇者和消费者的个人偏好，而这种个人偏好会受到文化和宗教等方面的影响。随着经济发展，社会越来越进步，人们对于歧视问题也会越重视，文化的影响就会逐步削弱。

以市场为导向的经济有可能产生较大的性别工资差异，与文化影响也有关系。当文化影响导致社会歧视女性时，工资受到市场需求和供给的影响，雇主甚至受雇者的个人偏好会导致性别工资差异的产生。如果工资受到政府规定的“同工同酬”或工作平等价值政策的影响，性别工资差异就较少受到雇主和受雇者个人偏好的影响。另一方面，如果市场和雇主以及受雇者不歧视妇女，工资受此影响，性别工资歧视就不会严重。因此，除了经济因素的影响，文化影响和制度背景的互相作用也决定了社会对于女性的歧视程度。

第六节　中国农村家庭时间利用性别差异分析框架的特点

第一，从能力的角度理解时间对于人们福利的作用。能力方法与别的理论的重要区别在于对福利与发展的手段与结果的区分上，能力方法认为结果是至为重要的，手段只是实现福利或公平的工具而已。以时间为例，明确地区分功能能够实现的资源或方式（即时间总数量），自由的实现（在市场劳动、无报酬劳动和休闲活动之间可选择的时间分配）以及功能（花费在这些活动中的有效的时间数量）之间的关系，才会更好地理解性别不平等的更深层次的原因。并且，关注形成这种结果的内部或外部因素，如个人的社会人口特征、家庭结构、劳动市场、文化规范等，有助于更好地理解人们在追求有价值的生活过程中的性别角色不对称以及在资源、机会和其他福利领域中的性别分配的不平等。

第二，同时考虑有报酬的市场劳动和无报酬的家务劳动。发展中国家以及经济转型期国家的结构性调整对男性与女性造成的影响是不同的，关于这方面的研究大多集中在就业机会、工资和公共服务的使用这几个方面。一种常见的观点认为，女性工资和就业机会的增加会自然而然地提高她们的福利。Thomas（1990）等人认为，女性更多地参加非农劳动力市场，会赚取更多的收入，有助于她们家庭地位的提高。然而一些女性经济学家的研究则认为，女性就业增加往往是同闲暇减少、工作强度增加等相联系的。如果在研究此类问题中，将家务劳动考虑进来，就有可能得到不同的结果。女性在家庭中的谈判地位受到社会习惯、社会结构和意识形态的影响，家务劳动的性别分工不会随着男性与女性市场劳动时间的变化而变化。因而，相对于她们的男性同事，劳动市场中的女性闲暇时间更少。基于这样的考虑，本文中在研究不平等问题时，将男性与女性在无报酬劳动中的时间分配也考虑进来，试图全面考虑他们的时间利用方面的差异。

第三，将经济转型期的特点考虑进来。从许多发展中国家研究得到的结果表明，经济发展尽管没有消除贫困，但是随着收入增长，贫困人口的比例却在下降。但这些结果并不能表明经济增长也会改善性别不平等的状况。经济发展确实提高了贫困人口的生活水平，如通过增加收入或者增加对公共设施与服务的投入，对于提高女孩和妇女的福利增加性别平等是有一定作用的。但是经济发展对男性与女性的影响是不一样的。因为，男性和女性所拥有的权利和资源不一样，当经济变革机会出现的时候，女性与男性是难以平等地利用有利机会的。并且，由于男性与女性在不同的经济部门工作，当商品、服务的相对价格或者技术发生变化时，对于他们的影响也是不同的。

男性和女性是否同样能从中国的市场转型中受益？这要区分不同的情况。就非农劳动而言，改革初期，男性劳动力迅速地从农业领域向非农和工资就业领域转移，而女性则留在农村从事农业生产，在非农就业转移中滞后于男性。但是随着农村经济结构的继续调整，女性非农就业的比例迅速增长，1988 年到 1995 年期间，女性进入非农领域的比例迅速增加。劳动力转移过程中的性别差异现象引发学者们对于农业女性化的讨论，因而本文在建立分析框架时，考虑到经济发展有可能对农村男性与女性产生的不同作用，在框架中将劳动力外流以及村级经济发展水平、基础设施建设等表现一个地区经济水平的变量引入到分析框架中，以更好地体现中国经济转型期的农村经济发展变化对性别关系的影响作用。

第四，关注家庭成员之间以及代际之间的劳动替代性。除了经济转型、劳动力大量外流等特点外，中国农村经济还有一个显著的特点就是劳动力，土地等要素市场的不完善。从理论上讲，如果劳动力，土地等要素市场完善以及家庭服务与照料替代品普遍可及，家庭成员出外打工会增加留守人员的非劳动收入从而减少他们的劳动时间而增加他们的闲暇时间。而当农业劳动力和土地市场不完善时，家庭服务与照料替代品稀缺，农户们基本依靠家庭成员来满足对农业生产和家庭服务的需求，这时家庭人口构成对于成员时间分配的影响就显得重要了。由于女性在工作和照料孩子方面承担着双重责任，已婚妇女的时间利用模式会影响到家庭中儿童和老人的时间利用。已有的研究表明，母亲劳动时间的增加将会通过儿童对母亲家务劳动的替代作用（尤其是女孩），或者对母亲劳动的补充作用而增加儿童的劳动时间。同样，老年人与成年男性与女性之间的时间利用也会产生替代或者补充作用。

第四章　中国农村劳动力时间分配的性别差异

第一节 研究目标和研究假设

本章从实证的角度研究了经济发展对农村男性与女性在三种活动中的时间分配模式的影响。由于各种活动的市场回报不同，因而人们在不同活动中的时间分配反映了相对的福利水平。根据一些经验研究，本文将经济发展定义为传统意义上的收入增长和结构变化，以及随之而来的城乡迁移、农村基础设施建设等。第三章的分析表明，经济发展主要通过就业机会、工资率、公共服务体系等不同途径对男性与女性的福利产生影响。本章的研究目标是：在第三章建立的分析框架的基础上，根据相关理论建立回归模型，利用中国营养与健康调查数据，对经济发展对男性与女性时间分配的影响作用进行回归分析，主要解决两个问题：一是与男性相比，女性在三种劳动中的贡献大小。女性主义经济学用“劳动女性化”（feminization of labor）来定义工作中女性比例的增加情况，在大多数情况下劳动女性化用劳动参与率来衡量，本文则采用时间利用数据来分析中国农村是否存在劳动女性化问题，这样做不仅可以反映经济发展中女性与男性相比其相对贡献大小，还能够进一步反映女性在各种活动中的劳动力转移情况，如果转向非农劳动，则对女性的福利具有积极的意义。二是劳动绝对时间数量的变化，即男性与女性在三种活动以及总劳动中的时间投入数量，劳动时间数量的增加则意味着闲暇时间的减少，反映的是性别间工作时间的差距和劳动负担的变化。

本章的经验研究框架根据第三章的分析框架而建立，研究了经济发展对农户成员在农业生产、非农生产和家庭劳动中的时间分配的影响情况。由于非农劳动、农业劳动和家务劳动市场回报的不同，时间在不同部门之间是不完全替代的。并且，由于市场回报的不同和非市场活动的生产率的差异，农户之间存在着异质性。本模型主要关注的是农村地区劳动力在三个部门中的时间分配，假定每个家庭成员在各种活动中的劳动供给是他（她）自己以及家庭其他成员的工资或者影子工资的函数。由于中国农村是农耕经济，因此所有劳动年龄的男性和女性成员都会从事农业生产，女性同时会承担家务劳动的责任。模型还假定，经济发展创造了很多城市工作岗位和农村地区的非农就业机会，并且城市工资要高于农村非农就业收入，并高于农业部门的影子工资。市场上存在的性别歧视和劳动市场上的职业隔离，导致男性的非农工资高于女性。受社会性别规范影响，女性家务劳动的影子价格比男性高，尤其是已婚女性，家务劳动的影子价格更高。在这样的制度背景下，男性在城乡迁移过程中占据主要地位，并且在当地的非农就业市场中占较大比例。劳动力迁移和结构调整过程中的性别差异有可能会导致农业部门的女性化。经济发展则有可能改变男性与女性在这三种活动中的时间利用模式，具体解释如下。

就农业劳动而言，经济发展通过农业机械化和技术改变减少人们在农业部门的投入时间，并且农业部门的低回报导致从事农业生产的劳动力比例降低，时间投入减少。随着农业现代化以及制造业的发展，男性开始向经济农作物和制造业等工资劳动转移，而女性仍多从事于生产效率较低、劳动密集的农业活动，从而出现了农业女性化的现象。本文没有像传统的研究一样采用劳动参与率，而是运用时间利用数据所提供的男性与女性在农业劳动中的年投入小时数，研究经济发展所带来的劳动力就业结构变化和经济增长等对农村男性与女性农业时间投入的影响。因此，形成了本章的第一个假设：

H1：经济发展减少了人们在农业部门的时间投入，并且，男性在农业生产中的时间投入下降得比女性更快，农业生产中表现出女性化的特征。

经济发展会增加非农就业部门的工资。在模型中，本文假定工资增长所带来的价格效应和收入效应对时间分配会产生相反的作用，工资的增长会通过价格效应增加非农劳动供给，而通过收入效应减少劳动供给。工资增长带来的净效应影响如何则需要经验研究来验证，在收入水平低的地区，人们为了摆脱贫困，价格效应占据主导地位的假定是合理的。因此，经济发展有可能会增加非农就业的时间。由于工资和影子价格中存在的性别差异，男性在农业生产中的供给时间比女性下降得更快，而非农工资时间上升得则比女性快。并且，在女性之间，与单身女性相比，已婚女性在农业生产中会投入更多的时间，而在非农劳动中投入的时间较少。在中国农村，经济发展所带来的非农就业机会的增加和收入的高回报，促进劳动力迅速地从农业领域向非农等工资就业领域转移。从 1981 到 2000 年间，经济结构的变化所带来的非农就业参与率从 16% 上升至 48%。城乡间的农村劳动力外出务工人数从 80 年代后期的 300 万人增加到近几年的 1400 万至 1800 万。不过，由于工资和影子价格中存在的性别差异，男性在非农劳动中的劳动就业率和时间分配要高于女性。因此，本文假定：

H2：经济发展会增加农村男性与女性在非农生产中的时间分配，男性在非农就业中的时间增长高于女性，但非农生产中也表现出女性化的特征。

经济发展所带来的非农就业机会的增加、收入水平的提高以及基础设施建设，对农村劳动力的家务劳动也会产生影响。一些案例研究结果显示，尽管女性分配到非农就业的时间在不断上升，但是由于传统社会规范所规定的性别角色，女性仍然承担了大部分的家务劳动。然而，经济发展对于家务劳动的影响效果是不确定的。一方面，基础设施的增多和家务劳动市场替代品的出现减少了女性在家务劳动中的时间花费。有研究显示，从农业向非农就业转移的变化，导致已婚女性花费在家务劳动中的时间平均每周下降 2 小时，而男性则下降 1 小时。另一方面，收入的增加提高了人们对家庭生产物品和服务的需求（例如随着家庭收入水平的提高，女性会花费更多的时间为家人准备事物或照料孩子），女性会增加家务劳动时间。因此，经济发展对农村男性、女性家务劳动的影响，在正负两方面作用的影响下，变化不确定，需要根据经验研究来判断。根据中国农村经济发展的实际背景，本文假定：

H3：经济发展对农村男性与女性家务劳动的影响作用不大，劳动力结构变化会减少女性在家务劳动中的时间投入。

本文在分析农村男性与女性在三种活动中的时间分配的同时，还分析了性别间总劳动时间的变化情况。经济发展所提供的就业机会导致农村劳动力大量出外务工，对于多数不发达地区而言，价格替代效应占主导作用，非农劳动所带来的高回报会增加人们在工资就业中的时间投入，有可能会增加农村劳动力的绝对劳动时间。尽管男性在非农就业中的时间增长高于女性，而男性在农业生产中的时间投入下降得比女性快，如果经济发展导致农业与非农的女性化，而家务劳劳动中的性别差异影响不大，那么性别间工作时间差距将不会被拉大，本文假定：

H4：经济发展导致农村男性和女性总工作时间的增加，总劳动时间的增加与非农劳动时间的增多相关，经济发展导致性别间工作时间差距不会扩大。

第二节　研究方法

本章采用两个简约的回归式来验证经济发展对农村男性与女性时间分配的影响作用。经济发展用当地收入水平、代表劳动力结构转移的农村劳动就业比例和出外务工的比例以及基础设施的建设等指标来度量。假定人们在三种活动即非农工资劳动、农业劳动和家务劳动中时间分配的决定因素是当地经济发展特征、农户家庭以及家庭成员特征的函数。

第一个回归式用来检验经济发展指标对农户家庭中 15 岁以上所有女性所从事的各种劳动时间所占份额的影响作用。因变量 S_{jit} 表示在 t 时期内农户 i 投入在活动 j 中的全部劳动时间中女性所占的比例。估计模型如式（4－1）所示，

$$S_{jit} = \alpha_0 + X'_{it}\alpha_1 + Z'_{it}\alpha_2 + \theta_i + \mu_t + \varepsilon_{jit} \qquad (4-1)$$

式中，$j=1$，2，3 表示三种活动，即农业、非农和家务劳动；X 是代表经济发展的向量，包括当地收入水平、代表劳动力结构转移的农村劳动就业比例和代表迁移机会的出外务工的比例，以及基础设施的建设等四个指标；Z 是衡量家庭特征的向量，包括家庭资产、家庭耕种的土地、农业设备价值、家庭非劳动收入、女性的平均教育年龄以及家庭人口构成；α_k，$k=0$，1，2 是待估计的未知参数；θ_i 是农户固定效应，用来控制时间变化影响以及难以观测的家庭特征；μ_t 是时间效应，用来控制难以观测的地区特征、宏观经济变化如技术改变、制度改革、政策变化，以及数据调查过程中各年的差异情况；ε 是误差项。

本章首先对式（4－1）采用随机效应进行估计，假定农户固定效应 θ_i 与误差项 ε 无关。随机效应估计由于考虑到来自农户固定效应的异质性，因而其估计比混合 OLS 估计更有效。随后，本文放松了此假定，运用固定效应对回归式进行了估计。固定效应技术控制了不随时间变化的难以观测的农户特征，因而估计结果是一致的。

第二个回归式用来分析农村 15～55 岁的劳动力个人 i 在 t 时期内投入到活动 j 中的时间数量 H_{jit} 的影响因素。估计模型如式（4－2）所示，

$$H_{jit} = \beta_0 + X'_{it}\beta_1 + I'_{it}\beta_2 + Z'_{it}\beta_3 + \gamma_p + \eta_t + \lambda_i + u_{jit} \qquad (4-2)$$

公式（4－2）中，$j=1$，2，3 同样表示三种活动，即农业、非农和家务劳动；X 和 Z 分别表示村级经济发展和农户家庭特征的向量；I 是代表个人特征的向量，如人力资本、婚姻状况和年龄等；β_k，$k=0$，1，2，3 是待估计的未知参数；γ_p 与 η_t 分别是省固定效应和时间效应；λ_i 是个人固定效应；u 是误差项。

运用回归估计式（4－2），本章验证了经济发展对农村劳动力分性别的时间分配的影响效果。并运用回归估计得到的经济发展指标系数，计算了经济发展所带来的农村男性与女性总工作时间的变化情况，检验经济发展所导致的性别间工作时间差距的变化。

由于并不是所有的人都会参与活动 j，因而因变量 H_{jit} 某些值在 0 处删失，所以对于回归估计式（4－2），采用随机效应 Tobit 模型进行估计。考虑到来自随机的个人效应的异质性，随机效应 Tobit 模型估计比混合 Tobit 估计更有效。并且，

本文之所以采用随机效应而不是固定效应 Tobit 模型，原因在于固定效应 Tobit 在估计有多个横截面数据数据但是时间跨度比较小的面板数据时，估计结果有时是不一致的，因而，本文选用随机效应 Tobit 模型来估计回归式。

本章用于分析估计的数据来自中国营养与健康调查数据。中国营养与健康调查数据提供了每个人在农业、自雇以及工资劳动中的时间信息，其中在每种活动中有一年工作了几个月、每周工作了几天、一天工作了几小时等丰富的劳动供给信息，并提供了上周所从事的家务劳动的时间信息。关于此数据，在第一章已经做过介绍，现在就分析中所使用的样本进行介绍。尽管 CHNS 数据是从 1989 年开始的第一轮调查，由于关于时间利用方面的问卷与随后几年的不一致，为了保持所使用变量的前后一致性，本文采用 1991—2006 年的数据检验经济发展与农村劳动力之间时间分配模式的变化趋势；在多元回归分析中，由于迁移变量是从 1997 年开始进行调查的，因此回归分析采用了 1997—2006 年的数据。删掉一些有缺失值的样本，最后分别得到 2580 户中 15 至 55 岁的男性样本 7746 个、女性样本 7820 个。

在回归式（4 -1）中，因变量被定义为女性每天分配在三种活动中的时间在家庭成员总投入时间中所占的份额。其中，农业活动时间指平均每天投入在传统的农业、林业、家庭养殖活动中的小时数，非农劳动时间指平均每天花费在工资劳动、家庭手工和商业活动中的小时数。之所以将自雇劳动与工资劳动加在一起，是因为经营自雇劳动的观测样本太少，如果作为独立的一种活动进行分析，结果很不稳定，因而将自雇与工资劳动时间加起来，共同作为非农劳动来进行分析。家务劳动时间是指平均每天花费在家中用于买菜、做饭、洗衣、照料 6 岁以下儿童的时间。

在解释性变量中，本文用四个村级指标来代表当地经济发展水平。首先选用了两个代表当地劳动力结构变化和迁移机会的变量，劳动力结构变化用村级从事农业生产的劳动力比例来衡量，迁移机会用村中有出外打工人员的家庭在村中所占的比例来衡量。基础设施建设用三个虚拟变量来代表，即村里是否通电，是否有修过的道路，以及村中是否能得到饮用水。用村人均收入水平来代表经济增长，以获取结构变化、迁移机会和基础设施建设等变量无法获取的信息。个人水平的变量 I 包括人力资本的代理变量如个人的受教育年数、年龄、年龄的平方以及婚姻状况。农户层次水平的变量 Z 包括分年龄组和性别的家庭人口构成数、人均耕种的土地亩数、用于农业与非农生产劳动的资产价值以及家庭非农劳动收入。其中，资产价值包括有灌溉设备、家用水泵、电动打谷机、拖拉机以及用于非农生产的五金小铺器具、理发、木工等用具与设备的价值；家庭非劳动收入指一年内家庭所收到的独生子女补助、煤气燃料补贴、用电补贴等费用补助，以及家庭资产与房屋租金、贫困补助以及其他亲朋好友资助的实物及现金。在女性劳动时间比例的回归式中，家庭层面的变量还包括女性劳动力的平均教育年数。村人均收入、非劳动收入、家庭资产价值以1991年为基期，用各省的消费价格指数进行了折现。解释变量的描述性统计结果见表4－1。

表4－1　回归中解释变量的描述性统计

变量	均值	标准误
村级变量		
有人外出务工的家庭在村中所占的比例	0.269	0.206
村从事农业生产的劳动力比例	0.618	0.254
村人均收入（元/年）	930.253	596.989
基础设施建设指标	2.612	0.569
家庭资产和收入变量		
人均耕种的土地（亩）	6.47	10.598
农业与非农设备（元）	549.181	2514.367
非劳动收入（元/年）	513.672	1679.858
个人水平变量		
女性年龄（年）	35.965	11.640
女性教育（年）	5.819	3.685
女性已婚	0.763	0.425
男性年龄（年）	35.337	11.844
男性教育（年）	7.641	2.896
男性已婚	0.707	0.455
农户家庭构成		
6岁以下儿童数	0.189	0.467
7～14岁男孩数	0.283	0.522
7～14岁女孩数	0.258	0.521
15～25岁男性数	0.504	0.693
15～25岁女性数	0.49	0.725

续表

变量	均值	标准误
26～55 岁男性数	1.008	0.436
26～55 岁女性数	1.017	0.392
56 岁以上男性数	0.141	0.352
56 岁以上女性数	0.155	0.368

第三节　描述性结果

一、1991 年至 2006 年经济发展水平及变化特征

表4－2是1991年至2006年代表经济发展水平的四个变量的描述性统计结果。从1991至2006年，样本村的人均真实收入水平以平均每年7.8%的速率增长。与经济的迅速增长相关的是劳动力从农业部门向非农部门的重新分配，1991至2006年间，从事农业劳动的比例从72%下降至50.2%，而村庄有出外务工人员的家庭所占的比例从1997年的23.8%上升至2006年的42%。三个村级基础设施变量以及基础设施指标的变化也显示了农村基础设施建设在样本调查期间的显著变化。

表4－2　样本村经济发展的主要指标

年	人均收入*（元/年）	有人外出务工的家庭在村中所占比例	村中从事农业生产的劳动力比例	有电的村庄所占比例	铺有道路的村庄比例	有饮用水的村庄比例	基础设施指标**
	均值（标准误）	均值（标准误）	均值（标准误）	均值（标准误）	均值（标准误）	均值（标准误）	均值（标准误）
1991	565.4（278.1）	—	72.0（25.3）	98.3（13.1）	60.9（48.8）	71.8（45.0）	2.3（0.6）
1993	604.3（307.0）	—	64.0（26.1）	97.1（16.8）	63.0（48.3）	78.8（40.9）	2.4（0.7）

续表

年	人均收入*（元/年）	有人外出务工的家庭在村中所占比例	村中从事农业生产的劳动力比例	有电的村庄所占比例	铺有道路的村庄比例	有饮用水的村庄比例	基础设施指标**
1997	887.7 （543.7）	23.8 （18.8）	61.8 （23.6）	95.6 （20.5）	72.5 （44.7）	88.2 （32.2）	2.6 （0.6）
2000	985.9 （516.0）	27.1 （17.6）	66.3 （21.3）	96.3 （18.9）	74.9 （43.4）	92.3 （26.7）	2.7 （0.5）
2004	1，178.1 （619.5）	36.0 （19.6）	54.5 （24.6）	99.0 （9.8）	90.8 （29.0）	94.7 （22.4）	2.8 （0.4）
2006	1，419.8 （786.0）	42.0 （20.4）	50.2 （25.1）	100.0 （0.0）	91.9 （27.2）	97.9 （14.5）	2.9 （0.3）

注：*以1990年为基期用各省的消费价格指数进行了折现。价格指数来自中国统计年鉴。**表示二元变量村庄是否有电、是否有铺过的道路和村里是否有引用水的总和。

数据来源：本文所有表格的数据来源于CHNS。

二、农村男性与女性工作时间差距变化特征

表4－3所显示的是1991、1997和2006年农村男性与女性在三种活动中的参与率和平均每天花费的小时数。从中可以看出，农村劳动力时间利用模式的变化与表4－1所示的村级经济发展指标的变化有一定的关联。表4－3表明，无论是男性还是女性，在1991到2006年期间，花费在三种活动中的时间数量都有所下降，尤其是对女性而言，这种下降趋势更明显。平均来说，女性每天花费在三种活动中的时间总和从1991年的10小时下降至2006年的8.5小时，男性的平均时间从1991年的7.8小时下降至2006年的7.7小时。仅就那些参与劳动力市场的女性而言，女性每天的劳动时间从11.4小时下降至10.6小时，而对参与劳动力市场的男性而言，每天的劳动时间则有所上升，从每天的8.9小时上升至9.3小时。因此，性别间工作时间差距有所下降，1991年所有男性与女性之间的工作时间差距是2.2小时，到2006年，性别间工作时间差距缩小至0.8小时；对于那些从事劳动力市场的性别间工作时间差距而言，从1991年的2.5小时下降至2006年的1.3小时。尽管性别间工作时间差距在缩小，但是分年龄和分性别

的统计结果显示，女性每年的工作时间仍然多于男性。结果还显示，家务劳动中女性的工作时间仍然远远高于男性，表明传统的关于谁更应该作家务的社会性别规范对农村男性女性的时间分配影响仍很重要。

表 4－3　1991、1997 和 2006 年分性别与分年龄的工作小时与参与率

	1991		1997		2006	
	女性	男性	女性	男性	女性	男性
全部样本的总工作小时（平均小时/天）						
所有人	10.0	7.8	8.3	6.7	8.5	7.7
15～25 岁	7.3	5.9	5.5	4.5	6.0	5.1
26～55 岁	12.0	9.2	10.0	8.0	9.8	8.8
56 岁以上	6.9	6.1	6.1	5.7	6.2	6.3
参与劳动力市场样本的总工作小时（平均小时/天）						
所有人	11.4	8.9	10	8.3	10.6	9.3
15～25 岁	9.8	8.1	9.1	7.7	9.8	8.3
26～55 岁	12.3	9.4	10.6	8.7	11.1	9.7
56 岁以上	9.3	8.1	8.4	7.7	9.0	8.5
农业生产（参与率% 和平均小时/天）						
所有人	79.9	73.4	71.8	64.1	59.0	53.3
	7.6	7.3	6.8	6.8	5.3	5.6
15～25 岁	59.5	59.8	40.2	42.5	22.3	23.7
	7.3	6.8	6.2	6.4	4.1	4.5
26～55 岁	93.2	81.8	86.2	73.3	66.4	55.0
	8.0	7.5	7.2	7.0	5.7	5.9
56 岁以上	66.5	67.2	65.5	67.4	53.8	59.1
	5.8	6.9	5.6	6.5	4.6	5.2
非农工作（参与率% 和平均小时/天）						
所有人	13.7	31.9	15.5	31.2	59.7	73.8
	7.9	7.9	7.8	7.9	6.4	7.3

续表

	1991		1997		2006	
	女性	男性	女性	男性	女性	男性
15～25岁	19.4	21.9	23.2	22.2	44.6	54.4
	8.2	8.3	8.1	8.0	7.7	7.6
26～55岁	13.6	41.5	15.4	40.4	70.7	84.9
	7.7	7.8	7.7	7.9	6.7	7.7
56岁以上	2.7	12.6	4.8	12.9	39.8	56.6
	7.0	7.5	7.1	7.3	5.0	5.8
家务劳动（参与率%和平均小时/天）						
所有人	85.4	44.5	84.7	36.0	93.1	51.0
	3.2	1.6	2.9	1.3	2.7	1.3
15～25岁	63.9	30.7	53.9	25.5	77.2	40
	2.1	1.2	2.6	1.0	2.7	1.1
26～55岁	96.9	51.4	96.5	39.5.7	92.3	51.4
	3.6	1.7	3.0	1.3	2.8	1.3
56岁以上	81.1	45.1	86.2	41.5	90.8	54.4
	3.1	1.6	2.5	1.6	2.5	1.4

注：农业、非农和家务劳动小时数来自于参与各项劳动的人们的平均时间，全部样本的平均工作小时可以用参与各项劳动的人们的平均时间乘以参与率得到。

表4－4显示，在三种活动中都表现出女性化的特点，尤其是非农劳动。将三种劳动时间加总起来，15岁以上的女性所承担的家庭总劳动时间的份额从1991年的55.4%上升至2006年的57.6%；女性劳动所占的比例在非农劳动中增长最快，在此期间从23.6%上升至44.2%；农业劳动中，尽管表4－3显示女性的参与率和绝对劳动时间都有所下降，但是女性在家中劳动时间所占的比例从55.1%上升至58%。可以说明农业生产中所存在的女性化的特点，这一发现与de Brauw（2004）等人的研究结果有所不同。

表4－4 家庭劳动时间中15岁以上女性成员时间投入所占的比例

劳动部门	1991	1993	1997	2000	2004	2006
农业劳动	55.1	57.3	55.1	55.4	55.7	58.0
非农劳动	23.6	26.0	26.5	28.1	41.9	44.2
家务劳动	80.9	83.2	84.2	80.0	80.8	80.6
总劳动时间	55.4	56.6	55.4	54.9	55.5	57.6
家庭数	1853	1822	1946	2208	2218	2252

注：表中的数值是家中15岁以上女性的工作小时在家庭全部劳动小时中所占的百分比。

农业与非农劳动中的女性化既受个人时间分配变化的影响，同时也受到各部门就业的性别构成变化所影响。表4－5表明，农业劳动中女性就业所占的比例从52.2%上升至54.8%，非农就业女性所占的比例从30.1%上升至47%。分年龄组的统计结果显示，26至55岁年龄段中，女性在非农劳动中就业所占的比例增长幅度最大，从24.8%增至48.4%，相关研究表明，导致女性非农就业比例上升幅度较快的原因之一可能是出外打工的年轻女性比例迅速上升。

表4－5 分年龄组的15岁以上女性在农业与非农活动中的就业率

	1991		1997		2006	
年龄	农业	非农	农业	非农	农业	非农
所有样本	52.2	30.1	51.7	24.7	54.8	47.0
15～25	49.1	46.3	44.4	46.8	49.5	46.1
26～55	53.4	24.8	53.8	27.4	57.6	48.4
56＋	51.0	18.4	49.5	27.0	48.8	42.4

注：表中的数值是各年龄组参与劳动力市场的女性所占的比例

第四节 回归结果

一、经济发展对中国农村劳动女性化的影响

表4－6是对回归式（4－1）的估计结果，显示了经济发展对劳动女性化的

影响。Hausman 检验表明回归式拒绝了随机效应模型，因此，文中主要就固定效应的估计结果进行说明，为了比较，同时汇报了随机效应中经济发展的影响作用。在四个代表经济发展的村级变量中，迁移是影响农业与非农劳动女性化的关键性的决定因素。表 4－6 第一、第二列显示，用村中有出外打工人员的家庭在村中所占的比例来衡量的迁移变量，对农业与非农女性化具有显著的正的影响。与随机效应估计得到的结果一致，说明这一估计结果是稳健的。从数量上来说，村中有迁移人口的家庭比例每上升 1 个百分点，会导致女性在家中农业劳动所占比例上升 0.078 个百分点，并且导致女性在家庭中非农劳动所占比例上升 0.064 个百分点。1997 至 2006 年间，村中有人出外务工的家庭比例上升了 18%，这种经济发展所产生的结果表明，女性在农业与非农劳动中所占的比例分别上升了 1.44 个百分点和 1.15 个百分点。需要说明的是，迁移对农业与非农劳动时间的影响作用较小，这有两个原因：一是本章对于迁移的度量是村级水平而不是家庭水平；二是女性劳动份额度量的是迁移导致家庭劳动力构成变化以后的净效应。家庭构成变量的估计结果表明，如果家中多一个 15 至 25 岁的男性出外务工，女性在农业劳动中的时间比例将会上升 3.5%；非农劳动中所占的比例会增加 7.4%；家务劳动会增加 2%；总劳动时间比例会增加 6.1%。在 26 至 55 岁年龄组，这一作用效果更大一些，分别是 15.9%，27%，6.6% 以及 19.6%。

表 4－6　对 15 岁以上女性在家中劳动时间份额的面板估计结果

	农业生产	非农生产	家务劳动	全部工作份额
	随机效应估计			
有打工者的家庭在村中所占的比例	0.095	0.068	－0.001	0.038
	(0.020) ***	(0.026) **	(0.015)	(0.014) ***
村从事农业劳动的比例	－0.034	0.014	0.006	0.017
	(0.016) **	(0.020)	(0.012)	(0.011)
基础设施建设指标	－0.004	0.021	0.008	0.006
	(0.007)	(0.010) **	(0.005)	(0.005)
村人均收入的对数	－0.133	－0.030	0.021	－0.022
	(0.050) ***	(0.065)	(0.038)	(0.036)
村人均收入对数的平方	0.011	0.004	－0.003	0.001
	(0.004) ***	(0.005)	(0.003)	(0.003)

续表

	农业生产	非农生产	家务劳动	全部工作份额
	固定效应估计			
有打工者的家庭在村中所占的比例	0.078	0.064	-0.003	0.012
	(0.025)***	(0.038)*	(0.019)	(0.018)
村从事农业劳动的比例	-0.008	0.018	0.033	0.003
	(0.020)	(0.029)	(0.015)**	(0.014)
基础设施建设指标	-0.008	0.007	0.016	0.012
	(0.008)	(0.013)	(0.006)**	(0.006)**
村人均收入的对数	-0.077	-0.010	0.039	-0.009
	(0.060)	(0.089)	(0.046)	(0.044)
村人均收入对数的平方	0.006	0.003	-0.004	0.000
	(0.005)	(0.007)	(0.004)	(0.004)
农业设备的对数	-0.002	0.000	0.001	-0.001
	(0.002)	(0.003)	(0.001)	(0.001)
土地与劳动力之比的对数	0.015	0.020	0.001	-0.024
	(0.009)*	(0.012)	(0.005)	(0.005)***
非劳动收入的对数	-0.001	0.003	-0.001	0.001
	(0.001)	(0.002)*	(0.001)	(0.001)
女性的平均受教育年数	0.004	0.013	-0.001	0.002
	(0.002)	(0.003)***	(0.002)	(0.002)
6岁以下儿童数	0.008	-0.009	-0.003	0.037
	(0.011)	(0.015)	(0.008)	(0.008)***
7~14岁男孩数	-0.007	-0.006	0.015	-0.001
	(0.009)	(0.014)	(0.007)**	(0.007)
7~14岁女孩数	-0.010	0.034	0.016	-0.003
	(0.010)	(0.015)**	(0.007)**	(0.007)
15~25岁男性数	-0.035	-0.074	-0.020	-0.061
	(0.009)***	(0.013)***	(0.007)***	(0.006)***

续表

	农业生产	非农生产	家务劳动	全部工作份额
15~25岁女性数	0.022	0.099	0.018	0.038
	(0.009)**	(0.012)***	(0.007)***	(0.006)***
26~55岁男性数	-0.159	-0.270	-0.066	-0.196
	(0.011)***	(0.015)***	(0.008)***	(0.007)***
26~55岁女性数	0.099	0.145	0.055	0.089
	(0.014)***	(0.020)***	(0.010)***	(0.010)***
56岁以上男性数	-0.186	-0.219	-0.081	-0.174
	(0.015)***	(0.023)***	(0.011)***	(0.011)***
56岁以上女性数	0.076	0.071	0.045	0.075
	(0.017)***	(0.026)***	(0.013)***	(0.012)***
2000年	0.001	0.009	-0.032	0.017
	(0.009)	(0.016)	(0.007)***	(0.007)**
固定效应				
2004年	-0.027	0.122	-0.022	-0.018
	(0.012)**	(0.019)***	(0.009)**	(0.009)**
2006年	-0.019	0.144	-0.020	-0.009
	(0.014)	(0.021)***	(0.010)*	(0.010)
F-统计量	16.83	37.92	8.05	44.63
P值	0.000	0.000	0.000	0.000
Hausman检验 χ^2	54.85	27.78	40.62	47.19
P值	0.000	0.146	0.000	0.000
观测值	6061	4712	7322	7389
观测值	6061	4712	7322	7389

注：***，**，和*分别表示1%，5%和10%的显著度。表中省略了随机效应估计的个人、家庭特征以及村虚拟变量的系数，也省略了截距项的估计值。

经济发展的两个主要特征即结构变化和基础设施建设，对女性在家庭家务劳动中所占比例的影响效果表现出相反的方向。村级从事农业生产人数比例的下降会导致女性在家中家务劳动所占比例的下降。从事农业生产的人数比例下降 1 个百分点，女性投入到家务劳动中的份额就会下降 0.033 个百分点。相反，基础设施建设的增多则导致女性在家务劳动中份额的增加。这两个变量的符号表明，经济发展所带来的收入效应在家务劳动中占据主导地位。

本模型中，本文最关心的是经济发展变量对女性在家中劳动时间中所占份额的影响效果，除此之外结果还显示，个人和家庭特征的影响与假设也是一致的。例如，家中有 6 岁以下小孩会导致女性在农业以及总工作时间中份额的增多；个人特征中，女性的平均受教育年数与女性在非农劳动中时间份额的增加显著正相关，这与人力资本在时间分配中的解释是一致的。

二、农村男性与女性时间分配的影响因素

经济发展对中国农村劳动女性化的影响，既来自于劳动力构成的变化，也来自于男性与女性时间分配模式的变化。对于农村男性与女性时间分配的变化，本文利用 15 至 55 岁之间农村男性与女性在每种活动中的时间分配变化来检验经济发展的影响。

回归式（4－2）中，男性与女性在每种活动中时间分配的数量受经济发展变量、家庭和个人特征等变量影响。回归式采用随机效用 Tobit 模型分别对男性与女性在三种活动时间以及总劳动时间进行估计，结果见表 4－7 和表 4－8。表 4－7 显示，对女性来说，增加的劳动力迁移和村人均收入水平增加了女性在农业生产中的时间投入，尤其是对于已婚女性来说，这种作用效果更加明显。相反，结构性的变化即下降的村级农业劳动力比例和基础设施建设的增加，会导致女性分配到农业劳动中的时间减少。就非农劳动而言，迁移增加了女性分配到非农就业中的时间，不过这种情况在已婚女性身上不明显。就家务劳动而言，经济发展各项指标都没有减少女性在家务劳动中的时间投入，而基础设施建设则减少了男性的家务劳动时间。

表 4－7　女性时间分配影响因素的随机效应 Tobit 估计（15 至 55 岁）

因变量	农业劳动 小时/天	非农劳动 小时/天	家务劳动 小时/天	总劳动时间 小时/天
		随机效应估计		
有打工者的家庭在村中所占的比例	0.367 (0.249)	1.305 (0.242)***	－0.151 (0.135)	0.562 (0.451)

续表

因变量	农业劳动 小时/天	非农劳动 小时/天	家务劳动 小时/天	总劳动时间 小时/天
有打工者的家庭在村中所占的比例	0.412	-0.566	0.025	0.888
	(0.234)*	(0.226)**	(0.129)	(0.449)**
已婚*有打工者的家庭在村中所占的比例	1.292	0.018	-0.130	1.274
	(0.200)***	(0.190)	(0.105)	(0.273)***
村从事农业劳动的比例	-0.219	0.187	0.040	-0.072
	(0.085)**	(0.091)**	(0.047)	(0.125)
基础设施建设指标	1.887	-1.132	-0.178	-1.037
	(0.662)***	(0.647)*	(0.360)	(0.968)
村人均收入的对数	-0.166	0.136	0.011	0.107
	(0.052)***	(0.050)***	(0.028)	(0.076)
村人均收入	0.062	-0.001	0.035	0.083
	(0.014)***	(0.014)	(0.008)***	(0.021)***
对数的平方 农业设备的对数	1.310	-0.086	-0.016	0.834
	(0.071)***	(0.069)	(0.036)	(0.098)***
土地与劳动力之比的对数	-0.029	0.024	0.018	0.004
	(0.012)**	(0.012)**	(0.007)***	(0.018)
非劳动收入的对数年龄	0.517	0.408	0.098	0.953
	(0.036)**	(0.035)***	(0.018)***	(0.049)***
年龄的平方	-0.006	-0.005	-0.001	-0.012
	(0.000)***	(0.000)***	(0.000)***	(0.001)***
已婚	1.027	-0.956	1.379	1.260
	(0.168)***	(0.205)***	(0.080)***	(0.272)***
受教育年数	-0.154	0.092	-0.033	-0.067
	(0.015)***	(0.014)***	(0.007)***	(0.021)***
6岁以下儿童数	0.291	-0.070	1.961	2.065
	(0.101)***	(0.096)	(0.054)***	(0.146)***

续表

因变量	农业劳动 小时/天	非农劳动 小时/天	家务劳动 小时/天	总劳动时间 小时/天
7~14 岁男孩数	0.072	-0.082	-0.098	-0.043
	(0.089)	(0.089)	(0.048)**	(0.129)
7~14 岁女孩数	-0.021	-0.055	-0.039	-0.173
	(0.087)	(0.088)	(0.046)	(0.126)
15~25 岁男性数	0.110	-0.006	-0.005	0.156
	(0.080)	(0.081)	(0.043)	(0.116)
15~25 岁女性数	-0.060	-0.008	-0.148	-0.152
	(0.071)	(0.073)	(0.039)***	(0.104)
26~55 岁男性数	-0.179	0.252	0.080	0.231
	(0.098)*	(0.093)***	(0.0520)	(0.140)*
26~55 岁女性数	-0.314	-0.075	-0.355	-0.587
	(0.126)**	(0.122)	(0.066)***	(0.177)***
56 岁以上男性数	-0.183	0.207		0.240
	(0.134)	(0.127)		(0.188)
56 岁以上女性数	-0.375	-0.494	-0.382	-1.077
	(0.144)***	(0.135)***	(0.072)***	(0.198)***
2000 年	-0.850	0.161	-0.166	-0.975
	(0.095)***	(0.119)	(0.059)***	(0.151)***
2004 年	-1.481	3.328	-0.281	0.427
	(0.109)***	(0.184)***	(0.068)***	(0.182)**
2006 年	-1.844	3.613	-0.318	0.377
	(0.120)***	(0.210)***	(0.075)***	(0.205)*
LR 检验χ^2	2708.55	1818.45	3298.02	2613.05
P 值	0.00	0.00	0.00	0.00

续表

因变量	农业劳动 小时/天	非农劳动 小时/天	家务劳动 小时/天	总劳动时间 小时/天
混合 tobit 模型与随机效应模型的检验				
LR 检验 χ^2	315.19	169.19	19.06	146.79
P 值	0.000	0.000	0.000	0.00
观测值	7746	7746	7746	7746

注：表中是随机效应估计的边际效应值，括号中是误差项。***，**，和*分别表示1%，5%和10%的显著度。表中省略了随机效应估计的截距项和省虚拟变量的估计值。

表4－8显示的是男性时间分配的决定因素。同样，对男性而言，村人均收入水平的提高增加了男性分配在农业生产中的时间投入，迁移同样也增加了已婚男性在农业中的时间投入，而结构变化和基础设施建设的增加导致了男性在农业部门中时间投入的减少。迁移和结构变化都会增加男性在非农劳动中的时间投入。

表4－8　男性时间分配影响因素的随机效应 Tobit 估计（15 至 55 岁）

因变量	农业劳动 小时/天	非农劳动 小时/天	家务劳动 小时/天	总劳动时间 小时/天
有打工者的家庭在村中所占的比例	－0.214 (0.251)	1.959 (0.300)***	－0.021 (0.064)	0.332 (0.438)
已婚*有打工者的家庭在村中所占的比例	0.607 (0.251)***	0.346 (0.293)	0.028 (0.063)	1.417 (0.449)***
村从事农业劳动的比例	1.446 (0.201)***	－0.733 (0.234)***	0.022 (0.049)	0.473 (0.280)*
基础设施建设指标	－0.144 (0.085)*	－0.007 (0.106)	－0.055 (0.022)**	－0.199 (0.127)
村人均收入的对数	3.314 (0.722)***	－2.949 (0.850)***	－0.029 (0.185)	－0.951 (1.065)
村人均收入对数的平方	－0.286 (0.057)***	0.285 (0.066)***	0.006 (0.014)	0.104 (0.083)
农业设备的对数	0.096 (0.014)	0.004 (0.017)	－0.002 (0.004)	0.090 (0.021)***

续表

因变量	农业劳动 小时/天	非农劳动 小时/天	家务劳动 小时/天	总劳动时间 小时/天
土地与劳动力之比的对数	1.329 (0.072)***	-0.578 (0.085)***	-0.008 (0.017)	0.626 (0.102)***
非劳动收入对数	-0.023 (0.013)*	0.007 (0.015)	0.013 (0.003)***	-0.001 (0.018)
年龄	0.354 (0.033)***	0.640 (0.041)***	0.025 (0.008)***	0.957 (0.048)***
年龄的平方	-0.004 (0.000)***	-0.008 (0.001)***	0.000 (0.000)***	-0.012 (0.001)***
已婚	0.437 (0.162)***	0.579 (0.190)***	0.192 (0.036)***	1.191 (0.256)***
受教育年数	-0.163 (0.017)***	0.134 (0.020)***	0.002 (0.004)	-0.034 (0.025)
6岁以下儿童数	0.158 (0.105)	0.116 (0.125)	0.355 (0.025)***	0.734 (0.155)***
7~14岁男孩数	-0.172 (0.092)*	-0.185 (0.113)	-0.109 (0.024)***	-0.516 (0.138)***
7~14岁女孩数	-0.004 (0.09)	-0.269 (0.111)**	-0.067 (0.023)***	-0.369 (0.133)***
15~25岁男性数	-0.182 (0.077)**	0.235 (0.093)**	-0.115 (0.020)***	-0.136 (0.113)
15~25岁女性数	0.023 (0.073)	-0.075 (0.090)	-0.012 (0.019)	-0.061 (0.107)
26~55岁男性数	-0.264 (0.115)**	0.222 (0.134)*	0.004 (0.028)	-0.063 (0.163)
26~55岁女性数	-0.242 (0.113)**	0.083 (0.134)	-0.278 (0.028)***	-0.344 (0.163)***

续表

因变量	农业劳动 小时/天	非农劳动 小时/天	家务劳动 小时/天	总劳动时间 小时/天
56 岁以上男性数	-0.379	-0.099	-0.106	-0.558
	(0.148)**	(0.173)	(0.036)***	(0.210)**
56 岁以上女性数	-0.211	-0.494	-0.124	-0.720
	(0.131)	(0.155)***	(0.032)***	(0.187)***
2000 年	-0.804	-0.039	0.086	-0.946
	(0.093)***	(0.131)	(0.029)***	(0.150)***
2004 年	-0.930	2.545	0.084	0.891
	(0.112)***	(0.181)***	(0.034)**	(0.188)***
2006 年	-1.326	2.731	0.103	0.676
	(0.122)***	(0.206)***	(0.039)***	(0.212)***
LR 检验 χ^2	1871.73	2154.97	910.24	2433.04
P 值	0.000	0.000	0.000	0.000
混合 tobit 模型与随机效应模型的检验				
LR 检验 χ^2	238.01	152.31	78.96	139.28
P 值	0.000	0.000	0.000	0.000
观测值	7820	7820	7820	7820

注：表中是随机效应估计的边际效应值，括号中是误差项。***，**，和*分别表示 1%，5%和 10%的显著度。表中省略了随机效应估计的截距项和省虚拟变量的估计值。

家庭特征对农村男性与女性的时间分配也会产生影响。家庭耕种的土地越多，农村男性和女性投入在农业生产中的时间也会更多。家庭人口构成中，6 岁以下儿童数量的增加，增加了农村男性与女性在家务劳动中的时间投入。并且代际间存在着劳动的替代关系，例如，家中有 56 岁以上的老年女性会减少 15 至 55 岁女性分配到三种活动中的时间，而家中有 56 岁以上男性老人对 15 至 55 岁女性的时间分配却没有显著的影响效果。而家中有 56 岁以上老年女性和男性则会减少 25 至 55 岁男性在全部劳动中的时间投入。

个人特征对农村男性和女性时间分配模式的影响显示，随着年龄的增长，男性与女性在农业、非农和家务劳动三种活动中的时间分配也会增加。对女性来说，已婚女性在农业和家务劳动中分配更多的时间，而在非农劳动中的时间分配较少。例如，已婚女性在农业活动中的时间投入比未婚女性平均每天多1.027小时，而在非农活动中已婚女性平均每天的时间花费会比未婚女性少0.956小时。受教育水平与农村男性和女性在非农劳动中的时间利用正相关，而与农业劳动负相关。每多受一年教育会增加男性平均每天在非农劳动中的时间投入0.134小时。

三、农经济发展所导致的性别间工作时间总量和差距变化

为了衡量经济发展是否增加了农村男性与女性的绝对劳动时间，本文利用表4－7和表4－8中所估计的边际效应值，计算了经济发展的每个指标对于男性与女性在三种不同活动中时间利用的影响效果，如表4－9所示，首先，经济发展最终导致农村男性和女性总劳动时间绝对值的增加。1997至2006年间，经济发展所导致的已婚女性平均每天的绝对工作时间增加了0.283小时，已婚男性平均每天的绝对工作时间增加了0.554小时。如果将每天的小时数转化为天数，也就是说，女性2006年比1997年多工作13天，而男性则多工作25天（假定每天工作8小时）。在四个经济发展特征变量中，村人均收入水平对农村男性与女性平均劳动时间的绝对值影响最大，提高的收入水平平均每天增加女性总劳动时间0.385小时，男性0.426小时。

表4－9　经济发展导致的每天工作时间变化

	女性				男性			
变化来自于	农业劳动	非农劳动	家务劳动	总劳动时间	农业劳动	非农劳动	家务劳动	总劳动时间
单身	0.091	0.322	－0.037	0.139	－0.053	0.484	－0.005	0.082
已婚	0.102	－0.140	0.006	0.219	0.150	0.085	0.007	0.350
下降的农业参与比例	－0.282	－0.004	0.028	－0.278	－0.315	0.160	－0.005	－0.103
基础设施建设的提高	－0.131	0.112	0.024	－0.043	－0.086	－0.004	－0.033	－0.119
提高的人均收入水平	－0.341	0.660	－0.026	0.385	－0.529	0.852	0.048	0.426
综合变化								
单身	－0.663	1.091	－0.011	0.203	－0.983	1.492	0.005	0.286
已婚	－0.652	0.629	0.032	0.283	－0.781	1.093	0.018	0.554

注：表中的数值根据表4－1中的村级发展指标1991～2006年变化的均值与表4－6和表4－7的这些指标的回归系数计算而得。迁移比例的变化没有标出，因为在1997年之前没有调查此项内容。

尽管经济发展导致了农村劳动力总劳动时间的增加，由此所带来的福利意义却不好明确推断。工作时间的增加减少了闲暇时间，不过，收入水平的提高，却给人们带来正的福利效果，需要根据个人的福利标准来衡量。由于非农就业可以带来更高的回报，因而与农业劳动相比，人们更愿意将时间分配在非农劳动中，这对于人们福利水平的提高和谈判权利都有着正的意义，因此，本文检验了农村劳动力总劳动时间的增加是否与非农劳动时间的增多相关。已婚女性在非农劳动中的平均每天的时间投入增加了 0.629 小时，而已婚男性在非农劳动中的时间则平均每天增加了 1.093 小时。如果将小时转化为天，已婚女性平均每年会增加 29 天在非农劳动中，已婚男性则每年会增加 50 天。与非农就业时间的增加相反，男性与女性在农业生产中的时间投入则有所下降。已婚女性每天在农业生产中的时间投入减少 0.652 小时，而男性则减少 0.781 小时。因此，对于男性与女性来说，经济发展促进了劳动力的时间分配从农业向非农部门的转移。由于非农就业所带来的回报要高于农业，因而这种时间分配模式的转变对于农村男性和女性的福利都有着正的积极的影响。

而对女性分年龄和婚姻状况时间分配模式的分析表明，26 ~ 55 岁之间的女性在非农劳动中的参与率在上升。表 4 - 9 结果显示，已婚女性在非农劳动中时间花费每天投入 0.629 小时，而单身女性的增长幅度更大，为 1.091 小时/天；单身男性与已婚男性在非农劳动中的时间分别为 1.492 小时/天和 1.093 小时/天。因此，经济发展对已婚女性的正面影响最小。

根据上文的分析，可以得出经济发展导致了农村男性和女性平均总工作时间数量增加的结论，而表 4 - 9 结果显示，性别间工作时间的差距并没有被拉大，就已婚人群来说，男性平均每天工作时间（0.554 小时/每天）的增加值比女性（0.283 小时/每天）高，意味着性别间工作时间差距有所下降。这一结果与 UNDP（1995）以及 Burda 等人（2007）的研究结果是一致的，反映了经济发展在一些地区的共同影响特征。然而，就农业生产活动而言，女性平均每天工作下降的小时数（ - 0.652 小时/每天）小于男性（ - 0.781 小时/每天），因而，农业部门内部性别间工作时间差距有所增大。相反，尽管男性与女性在非农就业部门的就业时间都有所上升，但是男性增长的幅度大于女性，与已婚男性每天增长的 1.093 小时比，已婚女性每天的非农就业时间增长了 0.629 小时；而单身男性平均每天增长了 1.429 小时，比单身女性的 1.091 小时多 0.338 小时。鉴于非农收入回报高于农业回报的情况，农业与非农部门扩大的性别间工作时间差距，说明经济发展所带来的经济效益中，对男性的影响要更有利。

第五节 本章小结

本章的主要研究表明，经济发展导致了经济发展过程中劳动的女性化特征，即从 1991 至 2006 年，女性在农业与非农劳动总工作时间中所占的比例有上升的趋势。研究还发现，迁移作为中国农村经济发展的一个重要特征，是导致农业与非农劳动表现女性化特征的主要原因。并且，经济发展导致农村男性与女性绝对工作时间数量的增加，但并没有加大性别间总工作时间之间的差距，而绝对工作时间数量的增加则来自农业劳动向非农劳动时间的转移。农村男性与女性非农劳动时间都有所增加，不过，与单身女性、已婚男性和单身男性相比，已婚女性在非农劳动中的时间增加最少。

中国农村时间分配的性别模式变化对女性的福利含义比较复杂。农业向非农部门劳动时间的转移对女性的福利有着积极的正面意义，因为非农就业所带来的高工资回报可以增加女性在家中的谈判权利，并且可以影响到女性在家中可以获得的资源分配。另外，性别间工作时间差距的减少，也提高了女性的相对福利。不过，需要注意的是，尽管性别间工作时间差距有所下降，但经济发展导致了人们绝对工作时间数量的增加。增加的工作时间对于女性福利的影响需要根据时间的压力和闲暇的缺乏进一步分析，这一问题本文将在第五章就女性的时间贫困问题进行研究。而非农劳动中，尽管女性在这方面的时间投入在增加，但是与男性相比，男性出外打工和参加高回报的工资劳动市场的机会更多，时间投入也更多，因此，男性与女性在非农发展过程中的受益是不同的，男性受益的幅度更大一些，女性，尤其是已婚女性，在经济发展过程中的受益较小。

第五章　中国农村地区时间贫困的性别差异研究

第一节 研究目标和研究假设

上一章研究的是经济发展对于性别间时间分配的差异影响，时间分配研究的是人们在各种活动之间的劳动力供给问题，本章是从时间利用的另一个角度——时间贫困即各种活动的时间总量上来衡量性别间的劳动负担问题。

经济的不断发展与社会的持续进步，使得越来越多的女性走出家庭参与到市场劳动中，从而提高了女性的家庭和社会地位。然而，女性并没有因为参与市场劳动而减少家庭责任。劳动时间的增加，不论是有偿劳动还是无偿劳动，意味着休息与闲暇时间的减少。劳动经济学家把工作时间超过某一特定时间限度而导致人们得不到充足休息的情况称作是“时间贫困”。

在过去三十年里，中国经济经历了工业化与城市化的巨大变迁，经济的迅速发展对农村劳动力的时间分配模式产生了重要的影响。农村劳动力在从事家务劳动和农业劳动的同时，面临着更多的非农就业机会，大量的农村劳动力到城市找工作。第四章的分析表明，尽管性别间工作时间的差距并没有被拉大，但经济发展最终导致农村男性和女性总劳动时间绝对值的增加。如果用时间贫困的概念来衡量的话，目前中国农村男性与女性的劳动负担如何？经济发展对农村男性与女性时间贫困的影响如何？因此，本章的研究目标是：根据第三章建立的分析框架，建立回归模型，从时间贫困的角度对经济发展对农村男性与女性时间利用的影响进行估计。

无论是发达国家还是发展中国家，市场参与工作和家务劳动的时间冲突始终困扰着许多女性。从对其他国家尤其是在发展中国家的经验研究结果表明，一些贫困家庭由于买不起可以节省时间的家庭耐用品，低收入家庭的女性要在家务劳动上花费许多时间，家务劳动是造成女性比男性工作时间长的主要原因之一。另一方面，即使市场参与机会增加，但社会传统和文化规范所规定的严格的性别分工，使得照料儿童与老人以及家务劳动等被认为是女人的职责，因此，女性的家务劳动负担往往不会因为她们参与劳动力市场而减少。市场劳动与家务劳动的双重压力有可能使女性比男性更容易受到时间贫困的困扰。

从中国的实际情况来看，一方面传统的社会性别规范在家庭劳动分工中仍然占据主导作用，女性承担了家庭中的大部分家务劳动；另一方面，经济发展所带来的就业机会的增多，使得农村男性与女性劳动力出外务工的就业比例也迅速上升，在农业劳动中的时间投入有所下降。而经济发展并没有减少女性在家务劳动中的时间投入。MacPhail 和董晓媛对中国乡镇企业的数据分析发现，增加男职工的市场劳动时间显著地减少他们的家务劳动时间，可是增加女职工的市场劳动时间对她们的家务劳动时间却没有影响。

本文第四章的研究结果表明，尽管男性与女性在非农就业部门的就业时间都有所上升，但是男性增长的幅度大于女性；而在对女性分年龄和婚姻状况时间分配的分析中，单身女性在非农劳动中时间投入的增长幅度较大，与其他人群相比，已婚女性在非农劳动中的时间投入增长最少。就农业生产活动而言，结构性的变化，如下降的村级农业劳动力比例以及基础设施建设的增加，会导致农村劳动力分配到农业劳动中的时间减少，而女性平均每天工作下降的小时数小于男性。可以说明很多中年、已婚女性被留在了农村，承担起了农业生产与照顾家庭的责任。

如果农村有可以获得的公共服务，如幼儿园或养老机构，有可能会减少女性在照料孩子与老人方面的时间投入。在农业生产劳动力比例比较高的地区，经济不发达，低劳动生产率和低工资也迫使许多人不得不通过延长劳动时间来摆脱收入贫困，增加受到时间贫困的概率，而经济的发展，农业技术的变化则有可能增加劳动生产率，减少时间贫困发生的可能性。农村基础设施建设如电话、电、道路的建设与增加，一方面会减少人们因为设施差而多投入的时间，另一方面，也会因为基础设施建设的提高，为人们提供了更多的就业机会与信息而增加人们的时间投入，尤其是一些非农工资就业机会。对于中国农村来说，有些地区相对比较落后，可能经济发展带来的价格替代效应作用更大一些。可以说，时间贫困的性别差异是社会性别矛盾与地区经济发展差异相互作用的结果。

根据以上分析，本文假设：

H1：与其他人群相比，农村已婚女性是最容易遭受时间贫困的人群；

H2：从事农业生产的劳动力比例下降会减少男性与女性时间贫困发生的概率，而劳动力出外打工会增加女性时间贫困发生的概率；

H3：基础设施建设中，村中有幼儿园可能会减少女性发生时间贫困的概率，而道路、电话设施的增加会增加男性时间贫困发生的概率。

第二节　研究方法

从目前的相关研究来看，对时间贫困的研究还处于起步阶段，对时间贫困的定义并不太严格，比较常用的是根据联合国对绝对贫困定义的方法，用绝对时间来定义时间贫困，即将人们工作时间（包括市场劳动和家务劳动）超过某一特定的时间并且得不到充足休息的状况称为时间贫困，这一特定时间被认为是时间贫困线。在收入贫困度量中，贫困线的估计是根据基本营养需求成本测算的，即每人每天 1 美元为绝对贫困线。而在时间贫困计算中，贫困线的划定需要从健康的角度看基本的休息需求对于闲暇时间的分配影响，但是要做到准确的定义还比较困难，因而对于时间贫困线的划定相对比较随意。在本文中，对于时间贫困线的划定，采用了世界银行研究员 Blackden 与 Wodon（2006）的做法，将全部样本工作小时均值的 1.5 倍作为时间贫困线。在本研究中，所采用样本的平均工作时间为 8 小时左右，因而本文将平均每天工作时间超过 12 小时的状态视为时间贫困。其中，每个人每天的工作时间是工资劳动、自雇劳动、农业劳动与家务劳动时间总和。

对于家庭收入比较贫困的人们来说，为了摆脱贫困不得不延长劳动时间，有可能面临着更为严重的时间贫困。为了区分时间贫困是来自人们的主动选择还是由于收入贫困所致，一些经济学家进一步将时间贫困定义为如果将工作时间降低到时间贫困线以下，家庭就会陷入收入贫困的状况。这种定义方法有助于揭示收入贫困对时间贫困的影响作用。

本文在分性别的回归分析中，对时间贫困的度量也考虑了家庭收入贫困对时间贫困的影响，用每人每天一美元的绝对贫困线来定义家庭是否陷入贫困，在每个劳动力成员的收入水平下，家庭脱离收入贫困需要工作的小时数就可以计算出来。将个人所需要工作的小时数与家务劳动时间加起来，就得到了个人为使家庭摆脱贫困而必须工作的时间。

在传统的收入或消费贫困的分析中，贫困的度量采用 FGT 指数，即用贫困人头指数、贫困距和贫困距的平方三个指标度量贫困。这种收入贫困度量的 FGT 指数也被应用到了时间贫困分析当中，对于时间贫困而言，人头指数是处于时间贫困状况的人数比例，用公式表示如（5-1）所示，假定有 n 个样本观测值，q 是处于时间贫困的的人数，时间贫困人头指数 H 被定义为：

$$H = \frac{q}{n} \tag{5-1}$$

时间贫困距表示时间贫困的程度，将非贫困人口与贫困线之间的距离规定为零，时间贫困距则是贫困人口与时间贫困线间的平均距离，表示使那些处于时间贫困的人摆脱时间贫困所需要的时间补贴。其表示如（5－2）所示，其中，y是第i个人一天工作的总小时数，z是时间贫困线，时间贫困距定义为：

$$PG = \frac{1}{n}\sum_{i=1}^{q}[\frac{y_i - z}{z}] \tag{5-2}$$

时间贫困距的平方是估计时间贫困严重程度的指标。对那些时间贫困严重的人赋予了更大的权重，它考虑的是时间贫困人们中存在的不均等状况。

$$SPG = \frac{1}{n}\sum_{i=1}^{q}[\frac{y_i - z}{z}]^2 \tag{5-3}$$

本章所采用的数据来自中国营养与健康调查2006年的横截面数据。个人问卷中提供了每个人在农业、自雇以及工资劳动中的时间信息，其中在每种活动中有一年工作了几个月、每周工作了几天、一天工作了几小时等丰富的劳动供给信息，并提供了上周所从事的家务劳动的时间信息，即花费在为家庭购买食物、做饭、洗衣服、打扫家以及照料6岁以下儿童的时间。为本章分析农村地区时间贫困的性别差异提供了数据支持。该数据也提供了每个劳动力在农业、非农自雇以及工资中的收入数据，个人年总收入来自这几项收入之和。剔除一些有缺失值的样本，最后得到15岁以上的有效样本4520个，其中男性样本2197个，女性样本2323个。主要变量的描述性统计结果见表5－1。

表5－1 回归中解释变量的描述性统计

变量	均值	标准误
村级变量		
有人外出务工的家庭在村中所占的比例	0.421	0.206
村从事农业生产的劳动力比例	0.618	0.254
有幼儿园的村比例	0.621	0.485
村庄有铺过的道路	0.663	0.473
村庄有电话服务	0.866	0.34
家庭资产变量		
人均耕种的土地（亩）	5.588	14.483

续表

变量	均值	标准误
农业与非农设备对数	2.618	3.466
25%分位收入组比例	0.244	0.43
50%分位收入组比例	0.256	0.436
75%分位收入组比例	0.273	0.446
个人水平变量		
女性	0.514	0.5
已婚女性	0.436	0.496
女性年龄（年）	48.536	14.862
女性教育（年）	6.248	3.952
农户家庭构成		
6岁以下儿童数	0.208	0.468
7~14岁男孩数	0.148	0.387
7~14岁女孩数	0.112	0.343
15~25岁女性数	0.151	0.402
15~25岁男性数	0.137	0.368
26~39岁女性数	0.326	0.492
26~39岁男性数	0.329	0.516
40~50岁女性数	0.301	0.459
40~50岁男性数	0.279	0.453
51~69岁女性数	0.448	0.497
51~69岁男性数	0.437	0.499
70岁以上女性数	0.101	0.303
70岁以上男性数	0.075	0.264

第三节 研究结果

一、农村男性与女性时间贫困现状的描述性分析

表5-2是2006年农村地区15岁以上的成年人在无酬劳动、有酬劳动和总劳动中的时间利用状况的描述性统计结果。表5-2显示，女性花在家务劳动和

照料儿童的时间平均每天比男性多将近2个小时，而工资劳动比男性低1个多小时，农业劳动女性稍高一些，自雇劳动仍然是男性时间投入多。可以看出，女性在无酬劳动的时间投入方面远远高于男性，而有酬劳动则要低于男性，但从总劳动时间来看，女性每天的时间利用要高于男性半个小时左右。

表5-2　农村男性与女性每天参与各种活动的描述性统计结果（小时/天）

	所有样本	男性	女性
家务劳动	1.17	0.44	1.85
照料儿童	0.37	0.15	0.58
无酬劳动时间	1.53	0.59	2.42
农业劳动	3.2	3.1	3.29
工资劳动	3.47	4.03	2.94
自雇劳动	0.58	0.7	0.47
有酬劳动时间	7.26	7.84	6.7
总劳动时间	8.67	8.4	8.92
样本数	4520	2197	2323

数据来源：本章所有表中的数据都是根据CHNS2006年调查数据计算而来。

注：无酬劳动时间是家务劳动和照料儿童时间之和，有酬劳动时间是农业劳动、工资劳动和自雇劳动之和，总劳动时间是无酬劳动与有酬劳动时间之和。

表5-3是农村男性与女性平均每天的劳动时间分位数分布值。表5-3显示，除了25分位，其它分位的女性日劳动时间都高于男性，而25分位处的女性劳动时间低于男性，可以理解为这部分女性不参与劳动市场工作，仅做家务劳动，因而其日劳动时间较男性少。将样本分为已婚与未婚人群后，除了25分位，已婚女性的日劳动时间均高出男性一个小时左右。但是在未婚人群中，未婚男性的日劳动时间均高于未婚女性，这与未婚女性并不承担过多家务而市场参与劳动时间低于男性有关。

表5-3　农村男性与女性日劳动时间分位数分布值

	均值	中位数	25分位	75分位
所有样本	8.67	9	4	12.83
男性	8.4	8.83	5	12
女性	8.92	9.38	3.67	13.5
性别差距（%）	6.2	6.2	-26.6	12.5
所有已婚样本	9.22	9.76	5	13.17
已婚男性	8.79	9	6	12.33

续表

	均值	中位数	25 分位	75 分位
已婚女性	9.63	10.14	4.9	14
所有未婚样本	5.46	4.5	0.75	9
未婚男性	6.06	6.25	0.67	9.58
未婚女性	4.92	3	0.83	8.25

表5－4是没有考虑家庭收入约束的情况下，依据时间贫困线计算的时间贫困发生率。表5－4显示，女性的时间贫困发生率高于男性7个百分点，对于已婚人群而言比例更高，已婚女性时间贫困发生率高于已婚男性近10个百分点。但对于未婚人群来说情况正好相反，未婚女性时间贫困发生率低于未婚男性，与表5－3的描述性结果一致。表5－4还表明，运用时间贫困距和时间贫困距的平方衡量的结果与人头指数衡量的结果基本一致，女性尤其是已婚女性受到时间贫困影响的程度更深。

表5－4　没有收入约束的时间贫困度量（15岁以上）

	时间贫困人头指数	时间贫困距	时间贫困距的平方
所有样本	28.69	7.1	2.51
男性	24.94	5.35	1.68
女性	32.24	8.76	3.29
所有已婚样本	31.69	6.91	2.45
已婚男性	26.9	5.14	1.63
已婚女性	36.26	8.58	3.22
所有未婚样本	11.39	0.39	0.13
未婚男性	13.29	0.38	0.11
未婚女性	9.69	0.39	0.14

表5－5是在考虑了家庭收入约束的条件下，农村男性与女性的时间贫困发生率，反映了因为家庭收入贫困而不得不工作较长时间的情况。与表5－4相比，总样本的时间贫困发生率有所下降。但是，分性别的结果显示，受家庭收入贫困影响，女性处于时间贫困的人数比率远远高于男性。在已婚人群中，已婚女性高于已婚男性15个百分点。未婚人群中，未婚女性时间贫困人数比例仍然小于未婚男性。

表 5－5　有收入约束的时间贫困度量（15 岁以上）

	时间贫困人头指数	时间贫困距	时间贫困距的平方
所有样本	22. 17	4. 28	1. 31
男性	15. 38	2. 51	0. 65
女性	28. 58	5. 94	1. 93
所有已婚样本	24. 14	3. 99	1. 23
已婚男性	16.	2. 21	0. 58
已婚女性	31. 9	5. 65	1. 83
所有未婚样本	10. 79	0. 3	0. 1
未婚男性	11. 71	0. 3	0. 1
未婚女性	9. 67	0. 3	0. 1

二、农村男性与女性时间贫困的 Probit 估计

本节使用 Probit 模型估计农村男性与女性时间贫困发生概率的影响因素。并且，分别估计了个人在受到家庭收入约束与不受家庭收入约束时的情况。根据前文的分析框架，我们将发生时间贫困的可能性看作是个人、家庭和社区影响因素的函数。个人因素中，包括一些重要的个人特征如年龄、教育、性别、婚姻状况等因素，家庭特征中主要有家庭耕种的土地数量、家庭资产、家庭收入水平以及家庭各个年龄段的人口构成。除了用省虚拟变量表示地区特征外，社区特征中仍然选用村里从事农业生产的人数比例以及村里出外打工的人数比例来表示一个地区的经济发展水平和劳动力结构转移情况，同时选用村里是否有铺设的道路、是否有电话服务以及是否有幼儿园作为社区基础设施建设的变量。为了控制收入水平对于人们时间贫困的影响，本章舍弃了社区人均收入水平这个变量，将家庭收入在总样本中所处的分位数组纳入回归。

表 5－6 是 Probit 回归分析的边际效应估计值。本章最为关心的问题是农村男性与女性在时间贫困方面的性别差异，以及代表经济发展的指标对男性及女性时间贫困的影响作用，因此在第一列的全部样本回归估计中，加了性别和女性与已婚的交叉项两个虚拟变量。结果显示，所有女性与男性相比，受到时间贫困的可能性差别不大，但是已婚女性前面的系数为正，并且显著，在控制住其他变量的情况下，已婚女性发生时间贫困的概率比其他人群要高 10%。说明家庭照料任务以及其他家务劳动对已婚女性的时间分配影响很大。分性别的回归显示，家

庭中每多一个6岁以下儿童，女性时间贫困增加的概率高出男性3个百分点，也说明了这个问题。第四列的结果表明，当考虑到家庭收入贫困的影响时，已婚女性发生时间贫困的概率上升至24%，分性别的回归结果也显示已婚女性发生时间贫困的概率增大，而男性则没有影响。

表5-6　Probit 模型对时间贫困因素的估计

	没有收入约束的边际效应			有收入约束的边际效应		
	所有样本	男性	女性	所有样本	男性	女性
女性	-0.025 (0.049)	----	----	-0.042 (0.046)	----	----
女性与已婚的交叉项	0.101 (0.052)**	----	----	0.241 (0.049)***	----	----
年龄	0.024 (0.004)***	0.023 (0.006)***	0.026 (0.007)***	0.020 (0.004)***	0.013 (0.005)***	0.025 (0.006)***
年龄的平方	0.000 (0.000)***	0.000 (0.000)***	0.000 (0.000)***	0.000 (0.000)***	0.000 (0.000)***	0.000 (0.000)***
受教育年数	-0.003 (0.002)	-0.001 (0.003)	-0.006 (0.003)*	-0.006 (0.002)**	-0.008 (0.003)***	-0.006 (0.003)*
已婚	0.086 (0.030)**	0.061 (0.031)*	0.187 (0.032)***	-0.074 (0.037)**	-0.039 (0.031)	0.157 (0.036)***
耕种土地的对数	0.074 (0.009)***	0.059 (0.012)***	0.086 (0.013)***	0.036 (0.009)***	0.068 (0.010)***	0.008 (0.014)
家庭资产的对数	0.004 (0.002)**	0.008 (0.003)***	0.001 (0.003)	0.000 (0.002)	0.001 (0.003)	-0.002 (0.003)
	没有收入约束的边际效应			有收入约束的边际效应		
解释变量	所有样本	男性	女性	所有样本	男性	女性
25%分位收入组	0.062 (0.022)***	0.074 (0.031)**	0.050 (0.031)*	-0.034 (0.018)*	-0.038 (0.018)**	-0.027 (0.029)
50%分位收入组	0.077 (0.022)***	0.086 (0.031)***	0.068 (0.031)**	-0.108 (0.017)***	-0.114 (0.016)***	-0.081 (0.028)***

续表

解释变量	没有收入约束的边际效应			有收入约束的边际效应		
	所有样本	男性	女性	所有样本	男性	女性
75%分位收入组	0.054 (0.022)**	0.053 (0.030)*	0.050 (0.031)	-0.227 (0.015)***	-0.196 (0.015)***	-0.239 (0.026)***
家中6岁以下儿童数	0.077 (0.017)***	0.061 (0.023)***	0.092 (0.024)***	0.112 (0.017)***	0.069 (0.018)***	0.143 (0.026)***
家中7~14岁男孩数	0.036 (0.019)*	0.062 (0.027)**	0.013 (0.028)	0.044 (0.019)**	0.031 (0.022)**	0.052 (0.028)*
家中7~14岁女孩数	0.046 (0.020)**	-0.001 (0.029)	0.088 (0.028)***	0.076 (0.019)***	0.046 (0.022)**	0.102 (0.029)***
家中15~26岁女性数	0.010 (0.020)	0.000 (0.027)	0.010 (0.028)	0.010 (0.020)	0.008 (0.024)	0.001 (0.031)
家中15~26岁男性数	-0.079 (0.022)***	-0.116 (0.032)***	-0.040 (0.031)	-0.047 (0.022)**	-0.030 (0.026)	-0.047 (0.034)*
家中26~39岁女性数	-0.076 (0.023)**	-0.052 (0.032)	-0.111 (0.034)	-0.044 (0.022)**	-0.063 (0.024)***	-0.028 (0.035)
家中26~39岁男性数	-0.043 (0.019)	-0.093 (0.030)***	0.008 (0.027)***	0.001 (0.019)	-0.008 (0.023)	0.025 (0.028)
家中40~50岁女性数	-0.070 (0.024)***	-0.060 (0.031)*	-0.075 (0.038)	-0.027 (0.025)	-0.057 (0.025)***	0.023 (0.043)
家中40~50岁男性数	-0.005 (0.023)	-0.041 (0.036)	0.020 (0.031)	-0.006 (0.024)	-0.014 (0.029)	0.006 (0.034)
家中51~69岁女性数	-0.063 (0.022)***	-0.061 (0.028)**	-0.040 (0.035)*	-0.021 (0.022)	-0.032 (0.023)	0.019 (0.037)
家中51~69岁男性数	-0.019 (0.021)	-0.015 (0.032)	-0.049 (0.030)	-0.003 (0.021)	0.005 (0.026)	-0.025 (0.032)
家中70岁以上女性数	-0.033 (0.030)	-0.069 (0.034)*	0.027 (0.044)	0.037 (0.028)	0.020 (0.033)	0.094 (0.044)**

续表

	没有收入约束的边际效应			有收入约束的边际效应		
解释变量	所有样本	男性	女性	所有样本	男性	女性
家中70岁以上男性数	-0.063 (0.033)*	-0.034 (0.050)	-0.097 (0.043)**	-0.071 (0.030)**	-0.043 (0.036)	-0.121 (0.046)**
村从事农业生产人数比例	0.087 (0.034)**	0.082 (0.045)***	0.094 (0.050)*	0.086 (0.033)***	0.076 (0.037)	0.081 (0.051)*
村出外打工的人数比例	0.072 (0.043)*	0.012 (0.058)	0.119 (0.062)*	0.039 (0.042)	0.050 (0.047)	0.022 (0.065)
村中有3至6岁儿童幼儿园	-0.013 (0.016)	-0.008 (0.022)	-0.016 (0.023)	-0.012 (0.016)	-0.004 (0.018)	-0.011 (0.025)
村中有铺设的道路	0.020 (0.016)	0.042 (0.021)***	-0.002 (0.024)	0.009 (0.016)	0.003 (0.018)	0.025 (0.025)
村中有电话服务	0.103 (0.019)***	0.111 (0.024)***	0.090 (0.029)***	0.030 (0.020)	0.036 (0.021)	0.013 (0.032)
$\chi2$值	500.79	221.35	290.14	633.18	303.13	234.59
Pseudo R2	0.130	0.117	0.149	0.132	0.168	0.094
样本数	4520	2197	2323	4520	2197	2323

注：***，**，和*分别表示1%，5%和10%的显著度。括号里是估计的标准误。表中省略了截距和省虚拟变量的系数

社区影响因素则表明农村经济转型对男性与女性时间贫困的不同影响。村中从事农业生产比例的人数越高，男性和女性时间贫困发生的概率也越大，说明经济比较落后的地区，低劳动生产率和低工资也迫使许多人不得不通过延长劳动时间来增加收入，而女性受到的边际影响要大于男性。村中出外打工人数比例的增加则显著地增加女性时间贫困发生的概率，相关研究证实，农村劳动力外出务工以男性和未婚女性为主，留在农村的多是中年已婚女性和老年人，其他家庭成员的外出务工会增加已婚女性的农业生产和家务劳动负担，因而，会增加已婚女性

时间贫困发生的概率。其他基础设施中，当村里有电话服务时，对人们的时间贫困发生的概率有显著的正向作用，有电话会带来更多的信息和发展机会，增加人们的劳动力供给。村中有 3 至 6 岁儿童幼儿园时，对于人们时间贫困发生的影响尽管不显著，但是符号为负。

回归结果还表明，年龄越大、受教育水平越低的人群发生时间贫困的可能性越大。当不考虑收入约束时，家庭资产和收入会加大时间贫困发生的概率，说明许多人工作较长的时间不是因为收入贫困，而是为了追求更好的生活或其他原因。而考虑了家庭收入约束后，家庭资产与各收入分位数组之前的符号变为负号，并且显著，说明在比较贫困的家庭中，人们越有可能工作更长的时间。

三、讨论

时间贫困是近年来世界银行的研究员们在对一些发展中国家进行贫困问题研究时提出的一个新概念，它度量了人们对于时间这种稀缺资源的缺乏程度。在 Sen 看来，基本的吃、穿、住、行方面的贫困是一种收入上的剥夺，仅仅是工具上，而不是能力上的剥夺。从能力剥夺角度可以对贫困进行更好的鉴别，这种方法关注人的本质上的剥夺。能力剥夺被 Sen 认为是真正的贫困。时间自由是个人追求有价值生活的一项重要的能力指标，有充分的、可支配的时间自由不论是对于个人一些基础性的功能，还是与生活质量有关系的较高层次的功能性活动的实现都是至关重要的。

从一些发展中国家的研究经验来看，与市场劳动相关的时间以及家庭照料等家务劳动时间分配和约束，对于家庭脱离贫困有着重要的意义。从对中国农村地区时间贫困的研究结果来看，与家庭处于高收入组的人群相比，家庭收入处于低收入组的农村男性与女性，不得不为家庭脱离贫困线而工作很长的时间，而过长的劳动时间不仅减少人们用于恢复体力、增进健康、提高生活质量的闲暇时间，而且制约人们对一些新的就业机会的参与。如果家庭的收入贫困与个人的时间贫困交织在一起，那么对于家庭脱离贫困将是极为不利的。从经济发展对时间贫困影响的结果来看，经济比较落后的地区，男性和女性时间贫困发生的概率也越大。在不考虑收入贫困情况下，对人们时间贫困的考察表明，迁移机会和基础设施建设如道路、电话会增加男性与女性时间贫困发生的概率，说明在中国农村地区，经济发展所带来的价格效应占主导作用，农村劳动力会因为非农劳动的高工资而增加劳动时间。从收入的角度而言，对家庭的福利意义有着正的积极的影响，但是如果从人们健康的角度而言，可能会产生负的影响。由于关于时间贫困的研究刚刚起步，很多问题还处于探索阶段，因而本文也没有对与健康相关的时间贫困问题做进一步的研究。

对已婚女性而言，比其他人群更容易受时间贫困的影响，这与中国农村劳动力市场和公共服务体系的不健全有很大的关系，在得不到廉价而可靠的幼儿照料服务的情况下，她们不得不在照料儿童和做家务劳动方面花费很多的时间。而基础设施建设的落后，也有可能增加她们在农业生产和用于家庭生活中的时间花费，在中国经济快速发展的背景下，如果这些问题得不到解决，性别间的差距只能拉大。

第四节　本章小结

经济发展所提供的就业机会与性别分工所规定的家庭责任，使女性面临工作与家庭责任的双重压力。本章运用"时间贫困"的概念，研究了农村地区男性与女性受时间这种稀缺资源的约束程度。通过分性别的时间贫困的回归分析，本文发现农村已婚女性是最容易遭受时间贫困的人群。而代表经济发展的四个指标显示，从事农业生产的劳动力比例下降会减少男性与女性时间贫困发生的概率，而劳动力出外打工会增加女性时间贫困发生的概率，基础设施建设对男性的影响更大些。这种时间利用的性别模式也就意味着，受时间贫困的制约，当经济结构发生变化有更多的就业机会时，已婚女性为最大化其生产率而能进行的劳动重新分配是非常有限的，男性则不太受影响。因此，从时间贫困的角度来考虑经济发展过程中的性别不平等问题，能够更好地理解女性在发展过程中的制约因素。对政府部门来说，积极地进行基础设施建设和劳务市场发展，对于减轻女性的家务劳动负担、减少因家务劳动等其他因素而导致的时间贫困的发生，对于增加女性从事非农劳动机会、更好地促进女性的个人发展有积极的意义。

第六章　农村留守老年人与儿童时间分配的性别差异研究

第一节　研究目标和研究假设

从第四章的分析中可以看出，在四个经济发展的指标中，迁移作为中国农村经济发展的一个重要特征，是导致农业与非农劳动表现女性化特征的主要原因。不过，对于经济发展的衡量是在社区层面上进行的，主要关心的自变量来自社区，对于农村家庭劳动力的时间分配来说是外生的，因而经济发展对男性与女性时间分配模式影响的边际效应比较小。本章的研究则是对第四章内容的进一步深入，将劳动力迁移内生化，从家庭层面上揭示经济发展导致的农村男性与女性时间利用变化对家庭留守成员时间分配所产生的影响。

农村劳动力向非农部门以及城市迁移是经济发展的必然结果。但是劳动力迁移最初通常是男性和青年人居多，从而导致大量的留守妇女，老人和儿童。从对发展中国家的经验研究来看，劳动力迁移所导致的农业女性化在许多国家中都发生过，中国农村同样也表现出农业女性化的特点，鉴于上两章已经对成年男性与女性的时间利用进行了研究，本章将主要研究集中在老年人与儿童的时间分配中。由于本章是从家庭层面上研究劳动力迁移对留守成员的时间分配影响，儿童与老年人的劳动供给往往被看作是成年人劳动时间的替代或互补，因此在分析儿童与老年人的时间分配之前，本章也对成年女性的时间分配进行了研究。

本章的研究目标是：从家庭层面上研究 1997 至 2006 年间，农村男性外出务工对留守妻子、7～14 岁儿童以及老年人在农业和家务劳动时间分配方面的影响作用，并揭示经济发展过程中儿童与老年人在时间分配方面所存在的性别差异。

在中国农村，许多老年人是“活到老，干到老”，一直到干不动为止。经济发展所带来的影响同样会作用到老年人身上。研究显示，当家庭有人出外打工时，老年人的农业劳动时间显著地增加。劳动力迁移不仅影响妇女和老人的时间分配，也会影响儿童的时间分配。在许多发展中国家，儿童所从事的活动虽然具有经济性质，但却不直接获得经济收入，比如在农村从事家庭农业生产，或者承担家务（比如做饭、清洁、照顾老人、小孩等活动）等等。迁移所带来的收入效应会减少儿童在劳动中的投入，增加他们的休闲时间。但是当家务劳动等市场劳动难以获得时，父母就会依靠儿童来承担部分劳动。Mansuri（2006）对巴基斯坦的研究发现，在有男性迁移的家庭中，儿童的受教育水平要相对高一些，而经济活动的参与率和工作小时都较家中无男性迁移的儿童低，并且对于女孩的影响比男孩要大；而在以女性为户主的家庭中，女孩的受益要小一些，因为女孩承担着部分照料小孩和料理家务的负担。Francavilla 等（2007）在对印度母亲工作与儿童劳动关系的研究中，假定儿童的时间是母亲时间的延伸，当父亲的收入较高时，家庭财富越多，母亲就会在家劳动而送儿童去上学。相反，当母亲的工作较差且工资较低时，儿童就很可能参加工作。

在农业生产、非农工资劳动以及家庭生产活动中，中国农村儿童和老年人参与工资活动的比例以及儿童参与农业劳动的比例很低，因此本文忽略了他们在工资劳动中的时间投入，也忽略了儿童对农业劳动的投入。对于妇女而言，由于农村从事非农工资劳动的女性以年轻的未婚女性居多，已婚女性从事农业劳动的比例很高，本章对农村女性时间分配的分析也忽略了她们在非农劳动中的时间投入。另外，由于本章关注点在儿童与老年人，因而女性样本也就限定在家中有7～14岁儿童的女性中。本章假定妇女和老人的时间在两种活动中进行分配：农业劳动和家务劳动（料理家务和照料孩子），并且在农业劳动中妇女的边际劳动生产率比老人的高，但是两者家务劳动的边际生产率没有区别，儿童只参与家务劳动，成年人家务劳动的边际生产率比儿童高。

那么一个家庭成员出外打工会对其他家庭成员的时间配置产生什么影响呢？从理论上讲，如果劳动力、土地等要素市场完善以及家庭服务与照料替代品普遍可及，家庭成员出外打工会增加留守人员的非劳动收入从而减少他们的劳动时间而增加他们的闲暇时间。可是在发展中国家的农村，尤其是中国的农村，农业劳动力和土地市场很不完善，家庭服务与照料替代品稀缺，农户们基本依靠家庭成员来满足对农业生产和家庭服务的需求。在这种情况下，一个家庭成员出外打工会使留守人员在农业生产和家庭服务的边际劳动生产率提高。劳动生产率的提高有价格的替代效应和收入效应，对时间分配起不同的作用。在某种活动中劳动生产率的提高，由于价格效应的作用，将会增加对此种活动的劳动供给，而减少对于别的活动的投入。相反，假定收入增加时，闲暇需求也会增加，劳动生产率的增加会通过收入效应减少劳动供给。两种效应中，哪一种效应占主导地位取决于农户对收入与闲暇的偏好。对于低收入农户来说，收入往往比闲暇更重要，所以劳动生产力增加的价格替代效应通常大于其收入效应。也就是说，一个家庭成员出外打工会引起留守家庭成员之间一系列的劳动时间替代。需要指出的是，在中国农村，这种时间利用替代通常是在传统男女家庭分工模式中发生的，即女性更多的承担经济回报低的农业劳动和无偿的家务劳动。

根据以上推论，本章提出三个假说：

H1：丈夫出外打工将增加妻子农业劳动时间；

H2：父亲出外打工会增加儿童家务劳动时间，并且女孩受到的影响比男孩大；

H3：家庭成员出外打工会增加老人农业劳动或家务劳动时间，老年女性受到的影响比老年男性大。

第二节 研究方法

本章用于分析的经验研究框架同样基于第三章的分析框架建立。假定每个家庭成员 i 在活动 j 中的劳动供给是他自己和其他成员的劳动生产率、农户的非农劳动收入、以及影响偏好的其它变量的生产函数。在劳动力和土地市场发育不完善的条件下，市场对家务劳动和儿童照料的替代作用难以获得时，人们的劳动生产率，即时间的机会成本不仅是由当地的劳动力市场决定的，也是根据人力资本禀赋的不同和可获得的互补性资源，如土地、资产等来决定。传统的性别角色规范也影响着不同年龄农户成员的时间分配。因此，在估计影响农户成员时间分配的函数时，解释变量包括家庭成员的人力资本禀赋、生产性资产、非劳动收入，家庭人口构成以及村级经济发展水平和基础设施的特征等因素。村级经济特征不仅反映当地的劳动力市场情况，而且帮助检验基础设施和公共服务对时间分配的影响。

本章建立的计量模型如下：

$$H_j = \beta_0 + M_i\beta_1 + X\beta_2 + I\beta_3 + Z\beta_4 + \gamma_p + \eta_t + u \qquad (6-1)$$

式中，H_j 表示个人在活动 j 中投入的时间数量，M_i，$i=1$，2，3 分别表示丈夫出外打工、父亲出外打工和家庭至少有一人出外打工等三种情况。X,I,Z 分别表示衡量村庄、个人和农户特征的向量。β_k，$k=0$，1，2，3，4 是待估计的未知参数。γ_p 和 η_t 分别是省虚拟变量和时间效应向量，用来控制难以观测的宏观经济变化和时间变化影响。u 是误差项。

模型中当出外打工者和家庭其他成员的劳动决策同时做出时，打工者的打工决策对于其他成员的劳动参与来说就可能是内生的。为了解决内生变量问题，本章采用了工具变量的方法进行回归，并比较了有工具变量和没有工具变量的回归结果。采用家中有成员出外打工超过一个月并且不居住在家中的农户在村中所占的比例来为家庭是否有人迁移做工具变量。由于并不是所有的人都参与劳动，因而，本文采用两阶段 Tobit 模型对农村这几组人群在农业和家务劳动中时间投入的影响因素进行估计。

本章所采用的数据仍然来自中国营养与健康调查 1997 年至 2006 年的数据。同样，由于本章研究的一个重要变量即此人是否出外打工并且不居住在家至少一个月以上 1997 年后的问卷中才有，因而本章舍弃了 1997 年之前的样本。为了衡量男性出外打工对于不同人群的影响，本章将儿童样本限制在有 7 至 14 岁的农村儿童家庭，农村夫妇的样本限制在有 7 至 14 岁儿童的家庭中，老人样本为 65 岁以上的老年人。尽管是一个面板数据，为了避免随时间推移样本户变化而导致的误差，本章采用重复的横截面数据进行分析。去掉有缺失值的样本，最后得到儿童样本 3393 个，其中女孩 1787 个，男孩 1606 个；家中有 7 ~ 14 儿童的妇女样本 2983 个；老年人样本总共 1677 个，其中，老年女性 900 个，老年男性 777 个。

根据本章的研究目标和假设，本章分别估计了三个回归方程，用来研究劳动力外出打工对家庭中的留守妻子、儿童和老年人的时间分配的影响作用。在妻子和老年人的回归方程中，因变量分别设置为妻子和老人的农业劳动时间和家务劳动时间。对于老年人来说，本文没有具体区分家庭中到底是儿子还是女儿出去打工，因为打工者的个人信息很难与父母匹配起来，就选用了家庭是否有人出外打工做自变量。对于儿童来说，父亲出外打工与母亲出外打工或者二人都去打工的影响是不一样的，但是 CHNS 提供的数据显示，在 7 ~ 14 岁儿童的年龄段中，母亲出外打工的数量较少，难以得到一致和稳定的结果，因而本文仅考虑了父亲出外打工对于儿童时间利用的影响。

模型中，妻子和老人的农业劳动时间是指个人一年内在农、林、牧、渔方面所投入的时间总和，家务劳动时间是个人每天花在买食品、做饭、洗衣服、打扫房间以及照料家中六岁以下小孩的时间总和。由于 CHNS 数据样本中参加农业劳动的儿童数量较少，估计结果不稳定，因而，儿童回归方程中仅对儿童的家务劳动时间进行了估计。

本章中对于主要感兴趣的变量即劳动力外出打工，是指此人外出打工至少一个月以上并且不居住在家中，分别采用了三种不同的自变量来度量，即丈夫出外打工、父亲出外打工和家中有人出外打工作为自变量，分别对应于三个不同的回归方程式。三个方程式中，均采用村级家中有人出外打工一个月以上并且不居住在家中的农户比例来为家中有人出外打工做工具变量。社区变量 X 中，用村人均收入水平来衡量当地经济发展水平，并选取了村庄水浇地的比例衡量当地的自然地理状况，用村里是否有修建的道路、是否有电话服务以及是否有幼儿园或学前班衡量当地的基础设施和公共服务状况。本章没有像第四章那样，将这些社区指标加总起来，因此，村级经济特征不仅反映当地的劳动力市场情况，而且帮助检验基础设施以及公共服务对人们时间分配的影响。有学者认为随着公共服务体系的下降，传统的社会性别角色规范加重，增加了女性的劳动负担。在中国农村，随着乡镇企业的私有化和农业税的免除，减少了当地政府的财政收入，使得儿童照料和学前教育等公共服务迅速减少，从而使忙于劳动的母亲有可能会不得不依靠大点的儿童或老人来照料小孩。

个人水平的变量 *I* 包括妻子或者老年人的教育年数、年龄以及年龄的平方项；儿童回归式中之所以没有放入受教育年数这个变量，是因为大多数儿童仍处于受教育阶段，年龄与受教育年数的影响作用基本一样，因而就只用了年龄做为个人水平的变量。

农户层次的变量 *Z* 仍然包括家庭非劳动收入，人均土地面积，用于农业与非农生产的家庭资产以及家庭中各个年龄组的人口数。村级收入、非劳动收入以及家庭资产以 1990 年为基期，运用中国统计年鉴各省的消费者价格指数进行了折现。主要变量的描述性统计结果见表 6－1。

表 6－1　重要变量的描述性统计

变量	均值	标准误
丈夫出外打工的比例	0.083	0.276
父亲出外打工的比例	0.071	0.257
家中至少有一人出外打工的比例	0.274	0.445
村级变量		
村人均收入	1137.818	581.543
村水浇地的比例	52.568	40.551
村里有电话服务	0.803	0.398
村里有铺过的道路	0.721	0.449
村里有幼儿园或学前班	0.324	0.468
家庭特征变量		
农业设备（元）	709.454	2951.507
变量	均值	标准误

续表

变量	均值	标准误
耕种的土地（亩）	6.308	13.958
非劳动收入（元/年）	517.426	1933.858
个人特征		
妻子的年龄	36.905	5.259
妻子受教育的年数	6.322	3.416
老年男性的年龄	72.770	5.974
老年女性的年龄	71.808	6.235
老年男性的受教育年数	0.879	2.042
老年女性的受教育年数	3.396	3.386
儿童年龄	10.755	2.269
家庭人口构成		
6岁以下儿童数	0.157	0.419
7～14岁男孩数	0.843	0.657
7～14岁女孩数	0.769	0.720
15～18岁男孩数	0.093	0.310
15～18岁女孩数	0.157	0.414
19～65岁男性数	1.171	0.490
19～65岁女性数	1.248	0.634
65岁以上男性数	0.068	0.254
65岁以上女性数	0.093	0.292

注：非劳动收入包括农户一年内所收到的独生子女补助、煤气燃料补贴、用电补贴、房屋租金、困难补助、亲戚朋友给的钱等。土地是农户一年中所耕种的土地亩数。

第三节　描述性统计结果

表6－2是有成员出外打工与无成员出外打工家庭7～14岁儿童、妇女以及老人时间利用的描述性统计结果。表6－1表明，有成员出外打工家庭中的儿童

家务劳动和农业劳动时间都有所增加。对于女孩来说，这种影响更明显一些，而男孩的时间影响不大，甚至有些减少。对成年女性和老年人来说，有人出外打工家庭的家务劳动负担都有所上升。除了老年男性外，成年女性和老年女性的农业劳动负担则表现出减少的现象。男性出外打工对于留守家庭成员时间分配的真正影响如何，需要通过回归分析来验证。

表 6－2　有成员出外打工与无成员出外打工家庭 7～14 岁儿童、妇女以及老人的时间利用

	有成员出外打工家庭		无成员出外打工家庭		有成员出外打工家庭所占比例
	家务劳动时间（小时/天）	农业劳动时间（小时/年）	家务劳动时间（小时/天）	农业劳动时间（小时/年）	%
7～14 岁儿童	0.25	18.36	0.18	10.51	7.10
女孩	0.46	34.33	0.26	13.29	6.84
男孩	0.08	4.95	0.10	8.00	7.33
妻子	2.99	806.53	2.95	962.69	8.35
老年人	1.31	381.26	1.24	389.91	27.35
老年女性	1.78	301.64	1.67	323.20	30.27
老年男性	0.79	497.42	0.68	460.63	23.98

注：数据来源：本章所有表中的数据都是根据 CHNS 计算而来。

第四节　回归分析结果

一、丈夫出外打工对妻子时间分配的影响

表 6－3 是丈夫出外打工对妻子的农业和家务劳动时间利用的影响因素。Hausman 检验拒绝了丈夫打工对妻子劳动时间分配的决定是外生的原假设，2sls 估计结果表明，在丈夫出外打工的家庭，妻子的农业劳动负担明显增加，每年在农业劳动上的时间投入增加 975 小时。家务劳动的结果表明，丈夫出外打工对于妻子的影响作用不大。从 CHNS 数据得到的结果表明，农村女性在家庭中承担着 80% 以上家务劳动的份额，自身负担已经很重，当男性出外打工后，儿童或老人有可能承担起本应属于男性的那部分家务劳动负担，或者，儿童和老人替代妇女部分家务劳动，而女性承担起男性的部分劳动。

表 6－3 显示，家中 6 岁以下儿童数的增加，显著地增加了女性在农业和家

务劳动中的时间投入，说明家中学龄前幼儿的存在是影响农村女性时间利用的一个重要因素。而家中65岁以上老年人数量的增加，对于女性的农业劳动和家务劳动时间都会减少。多一个老年女性或男性，每年会减少妻子农业劳动将近100小时，家务劳动每天会减少0.2~0.4小时，说明老年人的存在对成年女性的劳动负担有减轻的作用。

表6-3　丈夫出外打工对妻子劳动时间的影响因素

因变量	农业劳动		家务劳动	
	Tobit	Tobit（2sls）	Tobit	Tobit（2sls）
解释变量	边际效应	边际效应	边际效应	边际效应
丈夫出外打工	-25.527 (41.032)	975.597 (163.910)***	-0.092 (0.102)	-0.197 (0.413)
年龄	-10.481 (20.973)	-15.175 (20.923)	-0.107 (0.053)**	-0.107 (0.053)**
年龄的平方	0.299 (0.264)	0.381 (0.263)	0.001 (0.001)***	0.001 (0.001)**
教育年数	-20.713 (3.498)***	-21.014 (3.488)***	-0.013 (0.009)	-0.013 (0.009)
6岁以下儿童数	78.789 (29.074)***	67.539 (29.035)**	1.484 (0.074)***	1.485 (0.074)***
7~14岁男孩数	102.173 (23.381)***	107.464 (23.333)***	0.174 (0.059)***	0.173 (0.059)***
7~14岁女孩数	60.578 (19.898)***	77.699 (20.033)***	0.163 (0.050)***	0.162 (0.050)***
15~18岁男孩数	13.809 (39.014)	33.296 (39.026)	0.080 (0.099)	0.078 (0.099)
15~18岁女孩数	-0.475 (28.836)	10.338 (28.814)	-0.043 (0.073)	-0.044 (0.073)
19~65岁男性数	28.939 (26.893)	27.747 (26.816)	-0.216 (0.067)***	-0.215 (0.067)***

续表

因变量	农业劳动		家务劳动	
19～65 岁女性数	-72.605 (22.029)***	-55.605 (22.159)**	-0.159 (0.053)***	-0.161 (0.054)***
65 岁以上男性数	-123.714 (48.423)**	-85.871 (48.69)*	-0.443 (0.119)***	-0.447 (0.120)***
65 岁以上女性数	-71.901 (41.353)*	91.132 (41.362)**	-0.240 (0.102)**	-0.238 (0.103)**
因变量	农业劳动	家务劳动		
	Tobit	Tobit (2sls)	Tobit	Tobit (2sls)
解释变量	边际效应	边际效应	边际效应	边际效应
农业设备的对数	13.842 (3.761)***	20.491 (3.899)***	0.022 (0.009)**	0.021 (0.010)
土地/劳动力的对数	161.791 (15.789)***	164.315 (15.748)***	0.054 (0.039)	0.054 (0.039)
非劳动收入的对数	-12.555 (3.660)***	-20.867 (3.883)***	0.001 (0.009)	0.002 (0.010)
村人均收入的对数	-34.071 (27.476)	-41.842 (27.431)	0.068 (0.068)	0.069 (0.068)
村里水浇地所占的比例	-1.019 (0.330)***	-0.892 (0.329)***	0.002 (0.001)**	0.002 (0.001)**
村里有幼儿园或学前班	-8.014 (29.363)	-6.329 (29.299)	0.003 (0.073)	0.003 (0.073)
村里有电话	26.089 (25.800)	15.897 (25.769)	0.056 (0.065)	0.057 (0.065)
村里有铺过的道路	-165.376 (55.513)***	-137.833 (54.958)**	-0.088 (0.132)	-0.092 (0.133)
2000 年	-183.311 (29.650)***	-221.675 (29.768)***	-0.104 (0.078)	-0.100 (0.080)

续表

因变量	农业劳动		家务劳动	
2004 年	-232.903 (34.074) ***	-242.879 (33.623) ***	-0.028 (0.099)	-0.027 (0.099)
2006 年	-279.684 (35.547) ***	-405.365 (37.103) ***	0.119 (0.109)	0.136 (0.127)
出外打工与 IV 相关性检验 P 值	----	207.77 (0.0)	----	207.77 (0.0)
wald 检验 $\chi2$ P 值	762.22 (0.0)	797.22 (0.0)	567.12 (0.0)	566.56 (0.0)
内生性检验 $\chi2$ P 值	----	33.48 0.000	----	0.070 (0.795)
样本数	2983	2983	2983	2983

注：村人均收入以 1990 年为基期用各省的消费这价格指数进行了折现。价格指数来自中国统计年鉴。***，**，和 * 分别表示 1%，5% 和 10% 的显著度。表中省略了截距和省虚拟变量的系数。

二、父亲出外打工对儿童家务劳动时间的性别差异影响

表 6 - 4 是父亲出外打工对于儿童劳动时间的回归结果。CHNS 数据结果显示，由于参与农业劳动的人数较少，难以得到稳定而一致的回归结果，因而我们认为，在中国农村，国际劳工组织规定的严格意义上的儿童劳动现象在中国农村并不普遍，但是儿童参与家务劳动的情况却很普遍。对所有儿童参与家务劳动和分性别的回归结果都表明，父亲出外打工对于儿童家务劳动有显著的增加作用，并且对女孩的影响比男孩大。Hausman 检验拒绝了父亲出外打工对儿童劳动参与决定是外生的原假设。2sls 结果显示，父亲出外打工的女孩比父亲在家的女孩每天多干 0.6 小时的家务劳动，男孩每天多干 0.3 小时。

表6-4 父亲出外打工对儿童劳动时间的影响因素

因变量	家务劳动（所有儿童）		家务劳动（男孩）		家务劳动（女孩）	
	Tobit	Tobit (2sls)	Tobit	Tobit (2sls)	Tobit	Tobit (2sls)
解释变量	边际效应 Tobit	边际效应 Tobit (2sls)	边际效应 Tobit	边际效应 Tobit (2sls)	边际效应 Tobit	边际效应 Tobit (2sls)
父亲出外打工	0.047 (0.03)	0.372 (0.119)***	-0.014 (0.026)	0.259 (0.096)***	0.122 (0.055)**	0.588 (0.253)**
儿童年龄	0.044 (0.003)***	0.045 (0.003)***	0.024 (0.003)***	0.025 (0.003)***	0.064 (0.006)***	0.065 (0.006)***
女孩	0.111 (0.019)***	0.107 (0.02)***	----	----	----	----
6岁以下儿童数	0.218 (0.021)***	0.222 (0.021)***	0.100 (0.025)***	0.106 (0.025)***	0.304 (0.033)***	0.306 (0.033)***
7~14岁男孩数	-0.001 (0.014)	0.003 (0.014)	-0.002 (0.012)	0.002 (0.012)	-0.010 (0.026)	-0.007 (0.026)
7~14岁女孩数	0.023 (0.013)*	0.031 (0.013)**	-0.019 (0.014)	-0.017 (0.014)	0.061 (0.021)***	0.079 (0.023)***
15~18岁男孩数	0.001 (0.027)	0.009 (0.027)	-0.020 (0.029)	-0.009 (0.029)	0.021 (0.044)	0.027 (0.044)
15~18岁女孩数	0.017 (0.021)	0.022 (0.021)	0.009 (0.018)	0.020 (0.019)	0.027 (0.04)	0.015 (0.04)
19~65岁男性数	-0.006 (0.016)	0.015 (0.017)	-0.026 (0.015)*	-0.006 (0.016)	0.018 (0.027)	0.048 (0.031)
19~65岁女性数	-0.034 (0.017)**	-0.047 (0.017)***	-0.010 (0.016)	-0.021 (0.017)	-0.058 (0.028)**	-0.078 (0.030)***
65岁以上男性数	-0.028 (0.029)	-0.018 (0.030)	-0.045 (0.025)*	-0.038 (0.025)	0.008 (0.055)	0.028 (0.058)
65岁以上女性数	-0.067 (0.026)**	-0.074 (0.027)***	-0.007 (0.022)	-0.011 (0.023)	-0.141 (0.040)***	-0.147 (0.040)***

续表

因变量	家务劳动（所有儿童）		家务劳动（男孩）		家务劳动（女孩）	
农业设备的对数	-0.003 (0.002)	-0.001 (0.002)	-0.001 (0.002)	0.001 (0.002)	-0.005 (0.004)	-0.002 (0.004)
土地/劳动力的对数	0.060 (0.012)***	0.063 (0.012)***	0.035 (0.011)***	0.038 (0.011)***	0.078 (0.022)***	0.080 (0.022)***
非劳动收入的对数	0.006 (0.002)***	0.004 (0.002)*	0.005 (0.002)**	0.004 (0.002)*	0.006 (0.004)	0.003 (0.004)
村人均收入的对数	0.012 (0.013)	0.014 (0.013)	-0.001 (0.012)	0.000 (0.012)	0.021 (0.024)	0.020 (0.024)
村里水浇地所占的比例	-0.000 (0.000)*	-0.000 (0.000)**	0.000 (0.000)	-0.000 (0.000)*	-0.000 (0.000)	-0.001 (0.000)
解释变量	边际效应	边际效应	边际效应	边际效应	边际效应	边际效应
村里有幼儿园或学前班	-0.025 (0.017)	-0.029 (0.017)*	-0.018 (0.016)	-0.019 (0.016)	-0.025 (0.03)	-0.034 (0.031)
村里有电话	0.004 (0.02)	0.004 (0.02)	0.009 (0.018)	0.009 (0.018)	-0.003 (0.036)	-0.001 (0.037)
村里有铺过的道路	0.018 (0.018)	0.017 (0.018)	0.023 (0.016)	0.022 (0.016)	0.002 (0.032)	0.001 (0.032)
2000年	0.040 (0.022)*	0.027 (0.022)	0.018 (0.020)	0.002 (0.02)	0.059 (0.038)	0.049 (0.038)
2004年	0.269 (0.032)***	0.269 (0.032)***	0.163 (0.030)***	0.162 (0.029)***	0.360 (0.058)***	0.361 (0.058)***
2006年	0.288 (0.037)***	0.269 (0.037)***	0.188 (0.033)***	0.175 (0.033)***	0.376 (0.067)***	0.340 (0.068)***
出外打工与IV相关性检验P值	----	186.27 0.000	----	126.98 0.000	----	60.64 0.000

续表

因变量	家务劳动（所有儿童）		家务劳动（男孩）		家务劳动（女孩）	
wald 检验	798.07	805.92	361.15	368.18	405.50	405.39
χ2P 值	0.0	0.0	0.0	0.0	0.0	0.0
内生性检验	----	7.85	----	7.78	----	3.47
χ2P 值		0.005		0.005		0.062
样本数	3393	3393	1787	1787	1606	1606

注：***，**，和*分别表示1%，5%和10%的显著度。括号里是稳健性估计的标准误。表中省略了截距和省虚拟变量的系数。

家庭中人口构成对儿童家务劳动的影响也很明显。家中每多一个6岁以下儿童数，增加儿童0.2小时的家务劳动，而65岁以上老年女性的存在，则会对儿童家务劳动的减少有明显的作用。另外，如果村里有幼儿园或学前班，也会减少儿童在家务劳动中的时间投入。从时间趋势上来看，2000年以后，儿童家务劳动时间有增加的趋势。以上结果表明，父亲出外打工后，母亲会将部分家务劳动负担转移到儿童身上，尤其是在有6岁以下儿童的家庭中。当有幼儿园或其他成年女性时，儿童的家务劳动负担会减轻，说明农村家务劳动市场发育的不完善。

三、家庭成员出外打工对老年人时间分配的性别差异影响

表6-5是家庭成员有人出外打工对老年人时间利用的回归结果，Hausman检验拒绝了家里人出外打工对老年人农业劳动时间分配的决定是外生的原假设。虽然家务劳动无法拒绝二者是外生的原假设，但在现实中我们还是认为它们之间存在内生性。2sls估计结果表明，家庭成员出外打工对老年人的农业劳动和家务劳动时间都有显著的影响，并且显示出明显的性别差异。老年女性比男性农业劳动时间每年少67小时，而家务劳动方面则每天比老年男性多1个小时。分性别的估计显示，在有成员出外打工的家庭，老年男性和女性在农业劳动中的时间投入都显著增加，老年男性每年在农业时间上增加225小时，女性增加126小时。家庭成员出外打工对于老年男性家务劳动没有影响，而老年女性每天会增加0.4小时的家务劳动时间。

与儿童的回归结果相似，家中6岁以下儿童数的增加，显著增加了老年人的家务劳动时间。每多一个6岁以下儿童数，老年人每天的家务劳动时间多0.5小时，受传统社会性别规范的影响，老年女性受到的影响要大一些。这些结果表明，当劳动力出外打工引起家庭劳动力结构发生变化时，家庭中的家务劳动包括照料幼儿等育儿活动负担被转移到了儿童或者老年人身上，并且对于女孩和老年女性的影响会更大一些。

表 6－5　家里有人出外打工对老年人劳动时间的影响因素

因变量	农业劳动 所有老人	家务劳动 所有老人	农业劳动 老年男性		家务劳动 老年男性		农业劳动 老年女性		家务劳动 老年女性	
	Tobit (2sls)	Tobit (2sls)	Tobit	Tobit (2sls)	Tobit	Tobit (2sls)	Tobit	Tobit (2sls)	Tobit	Tobit (2sls)
解释变量	边际效应	边际效应	边际效应	边际效应	边际效应	边际效应	边际效应	边际效应	边际效应	边际效应
家里有人出外打工	145.809 (63.466) **	0.267 (0.156) *	5.909 (39.592)	225.505 (113.29) **	0.080 (0.065)	0.119 (0.184)	12.401 (26.405)	126.034 (68.314) *	0.168 (0.094) *	0.440 (0.237) *
年龄	−109.029 (29.897) ***	0.079 (0.084)	−28.509 (66.519)	−51.099 (67.151)	0.120 (0.114)	0.114 (0.116)	−80.542 (31.250) **	−71.048 (31.596) **	−0.071 (0.127)	−0.046 (0.129)
年龄的平方	0.576 (0.199) ***	−0.001 (0.001)	0.030 (0.447)	0.177 (0.451)	−0.001 (0.001)	−0.001 (0.001)	0.417 (0.206) **	0.353 (0.208) *	0.000 (0.001)	0.000 (0.001)
教育年数	−6.169 (3.937)	0.025 (0.010) **	−7.178 (5.392)	−9.181 (5.466) *	0.020 (0.008) **	0.019 (0.009)	1.923 (6.188)	1.898 (6.175)	0.016 (0.022)	0.016 (0.022)
老年女性	−67.925 (28.295) **	1.030 (0.071) ***	----	----	----	----	----	----	----	----
6 岁以下儿童数	−3.736 (23.448)	0.478 (0.057) ***	32.461 (40.532)	29.135 (40.462)	0.249 (0.064) ***	0.249 (0.064) ***	−17.736 (26.169)	−12.421 (26.251)	0.691 (0.093) ***	0.705 (0.093) ***
7～14 岁男孩数	−22.88 (24.757)	0.090 (0.061)	−24.027 (42.138)	−16.325 (42.181)	−0.031 (0.072)	−0.030 (0.072)	−13.683 (28.028)	−8.416 (28.152)	0.180 (0.096) *	0.195 (0.097) **
7～14 岁女孩数	−47.374 (29.232)	−0.076 (0.071)	−98.702 (50.938) *	−86.987 (51.095) *	−0.104 (0.082)	−0.101 (0.082)	−13.741 (32.258)	−9.887 (32.249)	−0.091 (0.112)	−0.083 (0.112)

续表

因变量	农业劳动 所有老人	家务劳动 所有老人	农业劳动 老年男性		家务劳动 老年男性		农业劳动 老年女性		家务劳动 老年女性	
	Tobit (2sls)	Tobit (2sls)	Tobit	Tobit (2sls)	Tobit	Tobit (2sls)	Tobit	Tobit (2sls)	Tobit	Tobit (2sls)
15～18 岁男孩数	-41.241 (44.827)	-0.169 (0.113)	-23.092 (82.973)	-13.214 (82.785)	-0.141 (0.155)	-0.136 (0.155)	-63.285 (47.426)	-53.572 (47.605)	-0.188 (0.165)	-0.169 (0.166)
15～18 岁女孩数	26.483 (46.462)	0.011 (0.116)	-0.782 (80.302)	-21.943 (80.787)	-0.065 (0.140)	-0.069 (0.141)	40.866 (51.326)	30.626 (51.479)	0.081 (0.178)	0.056 (0.179)
19～65 岁男性数	-36.325 (18.014) **	-0.015 (0.044)	-66.107 (30.208) **	-69.668 (30.140) **	0.010 (0.048)	0.009 (0.049)	-16.396 (21.406)	-13.485 (21.394)	-0.073 (0.075)	-0.068 (0.075)
19～65 岁女性数	-44.023 (19.235) **	-0.349 (0.049) ***	35.275 (29.785)	16.273 (31.127)	-0.231 (0.050) ***	-0.235 (0.053) ***	-94.450 (24.221) ***	-104.676 (24.844) ***	-0.387 (0.083) ***	-0.413 (0.086) ***
65 岁以上女性数	29.881 (26.836)	-0.203 (0.069) ***	86.979 (36.824) **	85.058 (36.737) **	-0.196 (0.059) ***	-0.196 (0.059) ***	12.803 (45.242)	-0.820 (45.728)	-0.047 (0.168)	-0.076 (0.169)
农业设备的对数	5.611 (4.206)	-0.007 (0.010)	17.042 (6.936) **	14.844 (6.989) **	0.006 (0.012)	0.006 (0.012)	0.141 (4.925)	-0.741 (4.937)	-0.025 (0.017)	-0.026 (0.017)
土地/劳动力的对数	-18.484 (14.543)	-0.027 (0.036)	-26.884 (23.456)	-31.979 (23.502)	-0.008 (0.039)	-0.009 (0.039)	-2.216 (17.07)	-4.887 (17.088)	-0.054 (0.059)	-0.061 (0.059)
非劳动收入的对数	1.096 (3.192)	0.017 (0.008) **	6.145 (5.313)	4.445 (5.357)	0.024 (0.009) ***	0.024 (0.009) ***	-1.684 (3.687)	-1.617 (3.676)	0.009 (0.013)	0.008 (0.013)

续表

因变量	农业劳动 所有老人	家务劳动 所有老人	农业劳动 老年男性		家务劳动 老年男性		农业劳动 老年女性		家务劳动 老年女性	
	Tobit (2sls)	Tobit (2sls)	Tobit	Tobit (2sls)	Tobit	Tobit (2sls)	Tobit	Tobit (2sls)	Tobit	Tobit (2sls)
村人均收入的对数	-11.160 (20.743)	0.112 (0.052) **	-34.924 (33.205)	-29.289 (33.195)	0.104 (0.057) *	0.106 (0.057) *	2.805 (24.88)	5.647 (24.865)	0.123 (0.087)	0.129 (0.087)
村里水浇地比例	-0.141 (0.273)	-0.001 (0.001) **	0.340 (0.457)	0.354 (0.456)	-0.001 (0.001)	-0.001 (0.001)	-0.610 (0.315) *	-0.597 (0.315) *	-0.002 (0.001) *	-0.002 (0.001) *
村里有幼儿园或学前班	-5.577 (23.673)	-0.053 (0.058)	-24.844 (38.418)	-34.661 (38.452)	-0.073 (0.062)	-0.075 (0.062)	8.065 (28.251)	13.404 (28.388)	0.011 (0.097)	0.027 (0.098)
村里有电话	-8.029 (22.669)	0.027 (0.056)	-27.804 (37.595)	-43.342 (38.142)	0.016 (0.061)	0.014 (0.062)	25.611 (26.164)	22.084 (26.133)	0.073 (0.092)	0.065 (0.092)
村里有铺过的道路	-35.97 (50.207)	0.192 (0.110) *	-45.168 (83.811)	-6.434 (82.26)	0.252 (0.112) **	0.258 (0.115) **	-66.593 (60.848)	-60.399 (60.201)	0.045 (0.191)	0.065 (0.190)
2000 年	-38.253 (31.977)	-0.006 (0.084)	-27.622 (53.898)	-50.399 (53.72)	-0.044 (0.092)	-0.049 (0.094)	-38.877 (35.984)	-43.977 (35.761)	0.057 (0.137)	0.039 (0.137)
2004 年	-111.238 (32.396) ***	-0.155 (0.084) *	-62.745 (53.368)	-94.288 (54.087) *	-0.040 (0.09)	-0.046 (0.094)	-126.876 (35.014) ***	-146.260 (35.800) ***	-0.273 (0.132) **	-0.328 (0.137) **

续表

因变量	农业劳动 所有老人	家务劳动 所有老人	农业劳动 老年男性		家务劳动 老年男性		农业劳动 老年女性		家务劳动 老年女性	
	Tobit (2sls)	Tobit (2sls)	Tobit	Tobit (2sls)	Tobit	Tobit (2sls)	Tobit	Tobit (2sls)	Tobit	Tobit (2sls)
2006 年	-137.691 (33.970)***	-0.062 (0.089)	-101.232 (52.959)*	-135.578 (54.694)**	0.020 (0.091)	0.013 (0.097)	-140.695 (37.428)***	-166.607 (39.587)***	-0.109 (0.140)	-0.183 (0.149)
出外打工与 IV 相关性检验 P 值	250.57 0.000	250.57 0.000	----	104.91 0.000	----	104.91 0.000	----	150.96 0.000	----	150.96 0.000
wald 检验 χ^2 P 值	394.42 0.000	572.38 0.000	159.30 0.000	163.23 0.000	170.17 0.000	169.03 0.000	277.94 0.000	281.12 0.000	279.32 0.000	279.45 0.000
内生性检验 χ^2 P 值	5.09 0.024	1.06 0.303	----	4.09 0.043	----	0.05 0.828	----	3.17 0.074	----	1.57 0.210
样本数	1677	1677	777	777	777	777	900	900	900	900

注：限于篇幅，没有汇报所有老年人的 Tobit 回归结果，尽管 hausman 检验无法拒绝老年人家务劳动时间分配与家庭打工人数之间的外生的原假设，但在现实中我们还是认为它们之间存在内生性，所以汇报了 2sls 的回归结果。***，**，和 * 分别表示 1%，5% 和 10% 的显著度。括号里是稳健性估计的标准误。表中省略了截距和省虚拟变量的系数。

四、讨论

丈夫出外打工显著地增加了妻子在农业劳动中的时间投入，分析结果与第四章通过固定效应估计女性在家中劳动时间份额有所增加的结果是一致的，说明经济发展确实对中国农村农业生产的女性化产生了影响。这个结果与国内外的一些相关研究也是一致的。由于非农就业可以带来更高的回报，因而人们更愿意将时间分配在非农劳动中，但是农村已婚妇女在这个劳动力结构转移过程中处于不利的地位。这种时间分配的性别模式就意味着，与男性相比，女性可以得到的收入或手中掌控的资源是有限的，在家庭中与男性谈判的权利也是很有限的。这不仅对女性自身的福利有负面的影响，由于女性在家中的重要地位，女性的福利水平的降低也会影响到儿童尤其是女童的福利水平。相关研究证实，从父母对子女健康投资的偏好来说，母亲的收入对于女儿的健康投资有很大影响，相对的，父亲则更偏向儿子。但总的来看，母亲的资源对于子女都有比父亲更大的健康投资效应。因此，一个社会的健康发展不能不重视女性在经济发展中的福利水平变化。

从对家务劳动的研究来看，丈夫出外打工对女性的家务劳动不产生影响，但是却对儿童的家务劳动产生了显著影响，并且对女孩的影响作用更大。前面的研究结果显示，在中国农村，男性平均每天干家务劳动的时间很少，大约半个小时。家务劳动和照料儿童的活动主要由女性来承担，当男性出外打工时，女性农业生产的负担加重，在一定的时间内，本身已经承担了家庭大部分家务劳动的女性可能没有更多的时间来从事那些应该有男性来承担的活动，因而有可能将一些儿童力所能及的家务活动或者照料家中幼儿的劳动转移到 7 ~ 14 岁儿童身上。受传统社会性别规范的影响，女孩子被认为在这些活动中比男孩更有优势，因而，女童受到的影响更大一些。而村中有 3 ~ 6 岁幼儿园会显著减少儿童在家务劳动中的时间，说明农村公共服务机构设施建设对于儿童和妇女福利提高的重要性。

在中国农村，大部分的老年人与一个已婚子女居住在一起，尽管这一比例近年来在下降，但是，两代人之间在经济、生活方面的互相支持随着经济发展也在发生着变化。农村劳动力结构的变化对老年人农业与家务劳动时间分配的影响表明，代际间劳动是存在一定的替代性的。老年人农业劳动负担的增加与李琴、庞丽华以及 de Brawn 等人的研究结果是一致的，这些结果表明中国农村劳动力市场建设仍然滞后于经济的快速发展，老年人家务劳动负担增加也进一步表现出中国农村在公共服务提供方面的薄弱。中国政府倡导科学发展观，开始重视公共服务在经济社会发展中的重要作用，如果能充分考虑经济转型期劳动力结构调整对农村妇女、老年人与儿童的负面影响，考虑家庭照料责任与就业之间的冲突对农村已婚女性个人发展的影响，则不仅有助于减少性别差距、促进性别平等，对儿童与老年人的健康与发展以及整个社会的进步都有着积极的作用。

第五节　本章小结

经济的迅速发展对农村家庭男性与女性时间利用的影响是很大的，这种时间利用方式的变化，不仅反映在成年劳动力身上，对老年人与儿童的时间分配也产生了重要的影响。为了检验农村男性与女性劳动力的时间利用变化对留守家庭成员时间利用的影响，本章利用中国营养与健康调查 1997 ~ 2006 年的数据研究了男性劳动力出外打工对于妻子、儿童以及老年人时间分配的影响。结果发现，丈夫出外打工显著地增加了妻子在农业劳动上的时间投入，对妻子的家务劳动没有影响，结合对儿童和老年人的研究结果，可以认为，当成年男性出外打工时，儿童和老年人分担了成年女性的部分家务劳动负担，尤其是当家中有 6 岁以下儿童时，并且女孩比男孩、老年女性比老年男性承担的家务负担更重些。家庭成员出外打工也增加了老年人的农业劳动负担。以上结果表明，农业劳动力市场很不完善，家庭服务与照料替代品稀缺，农户们基本依靠家庭成员来满足对农业生产和家庭服务的需求。从学龄前儿童的角度来说，如果照料活动过多地由儿童和老年人来承担的话，育儿质量问题是值得担忧的。从政策含义来讲，本文认为，公共政策如果能够注意到农村劳动力流动所产生的一些负面影响，积极发展农村劳动力市场和幼儿看护等家务劳动市场，不仅对学龄前幼儿，对于儿童和老年人尤其是女性的福利都有着重要的意义。

第七章　结　　论

第一节　主要工作及结果回顾

从本文对经济发展对农村性别间时间利用的影响研究结果来看，中国农村的性别不平等问题目前是不容乐观的。随着中国经济的进一步发展与转型，城市化进程不断加剧，农业剩余劳动力的转移已近成为不可逆转的趋势，经济发展所带来的男性与女性在经济机会的获得方面的差异，以及劳动力结构调整中男性与女性所受到的来自家庭、劳动力市场以及社会文化方面的不同约束，对我国的性别平等发展提出了挑战。

本文根据中国农村经济转型期的发展特点和相关研究，在对西方性别不平等的能力指标体系进行吸收与借鉴的基础上，建立了用来分析经济发展影响中国农村家庭时间利用的分析框架。从经济发展所带来的经济发展水平以及基础设施建设、劳动力结构调整几个方面，对农村男性与女性以及留守老人与儿童在时间利用方面的性别差异进行了研究。随后，在分析框架的基础上提出了本文的整体假设，即经济发展对农村家庭男性与女性的影响不一样，女性受到的约束更多。为了验证本文的总假设，本文对男性与女性的能力进行了具体化，选取了能够体现经济发展直接影响作用的时间利用作为男性与女性能力差异比较的指标，并分别从时间分配和时间贫困两方面进行研究，具体验证过程如下：

首先从社区经济发展层面上研究了农村经济发展水平和劳动力结构调整对农村男性与女性劳动力在农业劳动、非农劳动和家务劳动中的时间分配的影响；其次，运用时间贫困的指标研究了经济发展过程中农村男性与女性的时间受约束问题。时间分配的不同验证了农村男性与女性在经济发展过程中在有酬与无酬、低报酬与高报酬劳动之间的活动分配差异；时间贫困的不同则验证了经济发展中男性与女性的总劳动负担问题。第三，在得到成年人的时间利用模式之后，本文进一步从家庭层面上研究了家庭劳动力外出务工对老年人和儿童时间分配的影响。

主要结论如下：

第一，从社区层面来衡量中国迅速的经济发展对农村男性与女性时间分配的影响。结果显示，经济发展导致了经济发展过程中劳动的女性化特征，即从1991至2006年，女性在农业与非农劳动总工作时间中所占的比例都有上升的趋势。研究还发现，迁移作为中国农村经济发展的一个重要特征，是导致农业与非农劳动表现女性化特征的主要原因。并且，经济发展导致农村男性与女性绝对工作时间数量的增加，但并没有加大性别间总工作时间之间的差距，而绝对工作时间数量的增加则来自农业劳动向非农劳动时间的转移。农村男性与女性非农劳动时间都有所增加，不过，与单身女性、已婚男性和单身男性相比，已婚女性在非农劳动中的时间增加最少。村级从事农业生产人数比例的下降会导致女性在家中家务劳动所占比例的下降。相反，基础设施建设的增多则导致女性在家务劳动中份额的增加。总体来说，经济发展所带来的收入效应在家务劳动中占据主导地位。

第二，经济发展所提供的就业机会与性别分工所规定的家庭责任，使女性面临工作与家庭责任的双重压力。运用“时间贫困”的概念，研究了农村地区男性与女性受时间这种稀缺资源的约束程度。通过分性别的时间贫困的回归分析，本文发现农村已婚女性是最容易遭受时间贫困的人群。在农业生产人数比例较高的农村地区，劳动力发生时间贫困的概率较大，与男性相比，女性受到的边际效应更大一些。而劳动力出外务工较多的地区，女性仍然是时间贫困发生概率较大的人群。这种时间利用的性别模式也就意味着受时间贫困的制约，当经济结构发生变化有更多的就业机会时，已婚女性为最大化其生产率而能进行的劳动重新分配是非常有限的，男性则不太受影响。

第三，从家庭层面上衡量经济发展对农村女性以及老年人、儿童的时间分配影响。结果发现，丈夫出外打工显著地增加了妻子在农业劳动上的时间投入，对妻子的家务劳动没有影响。结合对儿童和老年人的研究结果，可以认为，当成年男性出外打工时，儿童和老年人分担了成年女性的部分家务劳动负担，尤其是当家中有6岁以下儿童时，并且女孩比男孩、老年女性比老年年男性承担的家务负担更重些。家庭成员出外打工也增加了老年人的农业劳动负担。以上结果表明，农业劳动力市场很不完善，家庭服务与照料替代品稀缺，农户们基本依靠家庭成员来满足对农业生产和家庭服务的需求。

本文的整个分析过程和结果验证了本文提出的经济发展对农村家庭性别间时间利用影响不同的分析框架。经济发展所带来的经济机会、劳动力市场发展以及基础设施建设影响到农村家庭男性与女性在时间利用方面的能力差异，

由于非农就业所带来的高工资回报可以增加女性在家中的谈判权利，农业向

非农部门劳动时间的转移对女性的福利有着积极意义。本研究通过男性与女性在不同活动中时间分配的变化以及总劳动负担情况，揭示了经济发展对农村男性与女性在就业机会选择上的影响差异。同时，分析框架为研究转型期农村性别间不平等问题提供了重要参考。

第二节　政策建议

本研究通过研究农村男性与女性在市场与非市场劳动的时间利用方面所表现出来的性别差异，揭示了经济发展对男性与女性在劳动机会选择方面的不同影响。研究结果说明，中国的经济结构转型为农村劳动力提供了大量的就业机会，但男性与女性面临的机会选择是不同的。经济发展不能忽视女性的发展问题，促进性别平等本身就是人类发展的根本主题之一。因此，本文提出以下几点政策建议：

第一，政府部门应该加快农村劳动力市场与土地市场建设，规范工资市场，减少工资报酬和工资就业机会方面的性别歧视，促进劳动力的自由流动。随着经济的进一步发展，劳动力出外务工已经成为一个不可逆转的趋势。农村劳动力市场的不健全，即使当更多的就业机会出现时，受家庭劳动力和土地数量的制约，男性能够较快地转移到非农或工资劳动市场中，而女性的转移却落后于男性。尤其是已婚的中年妇女，她们留在农村过多地承担低报酬和无报酬的劳动，这对于女性在家庭和社会地位的提升具有很大的限制作用，而女性在家庭中的权力地位直接影响到儿童及其他家庭人员的福利水平。因此，加快劳动力市场建设、消除市场性别工资歧视，政府部门在政策制定与实施中关注性别平等问题，不仅对女性，对整个社会的发展都具有很大的意义。

第二，加快农村基础设施建设和公共服务的可利用性。有效解决农村女性在经济发展过程中市场参与劳动与家务劳动之间的矛盾与冲突，不仅对女性自身的发展有利，对家庭中学龄前幼儿、儿童以及老年人的福利都有着重要的意义。女性经济学家认为，由私人解决照料问题是不利于性别平等的。协调工作和家庭的矛盾与冲突，为有家庭责任的男女就业者提供就业机会平等、待遇平等的社会环境和条件，以消除劳动力市场歧视、提高劳动者的就业能力和生活质量，是国际劳工组织 1981 年《有家庭责任的男女工人机会和待遇平等公约》（第 156 号）和同名建议书的明确主张，也是国际劳动组织各成员国政府的责任。政府应该采取积极措施加强城市和乡村的幼儿园建设，加强财政补贴以降低农村幼儿园成本，让普通家庭的女性可以支付得起，并且将城市中的农村流动女性也纳入到受益全体，不仅会提高儿童的早期教育水平，更有利于促进农村中年、已婚女性的流出和市场劳动参与，改善她们的生活质量，促进女性自身的发展。

第三，倡导社会性别平等主流化。政府决策者掌握着物质资源的配置、权力的分配以及政策的制定与变革。政府决策者的社会性别意识如何，直接关系到性别平等的进程。因此，政府部门应当承担起推进性别平等的责任来。我国的发展战略和东亚发展模式很相似，主张效率第一，兼顾公平，强调家庭的保障和照顾责任。国家财政支出大量投入到基础设施建设中，忽视社会保障并减少了对社会服务的投入。目前，这种情况正在发生变化，国家加大了对社会保障的投入，正在逐步建立和完善社会保障体系。本文认为，国家社会保障体系的设计应该充分体现女性在非市场劳动中贡献的价值，减少女性因为照料家庭而导致的与男性经济和社会地位的不平等。由于中国仍然是一个发展中国家，经济力量有限，提供面向农村地区的社会服务应该成为反贫困、减少社会性别不平等的公共政策的重要组成部分。

参考文献

1. Juster F, Frank P. The Allocation of Time: Empirical Findings, Behavioral Models, and Problems of Measurement [J]. Journal of Economic Literature, 1991, 29: 471-522.
2. Becker G. A Theory of the Allocation of Time [J]. The EconomicJournal, 1965, 75 (299): 493-517.
3. Murphy M. The value of nonmarket household production: opportunity cost versus market cost estimates [J]. Review of Income and Wealth, 2005, 24 (3): 243-255.
4. Peskin J. Measuring household production for the GNP [J]. Family Economics Review, 1982, 3: 16-25.
5. Sen A. The standard of living [M]. Cambridge: Cambridge University Press, 1987.
6. Benzeval M, Judge K. Income and health: the time dimension [J]. Social Science and Medicine, 2001, 52 (9): 1371-1390.
7. Blackden C, Wodon Q. Gender, time use, and poverty in sub-Saharan Africa [M]. Washington, D. C.: World Bank Publications, 2006.
8. Bonke J, Koch-Weste E. The welfare state and time allocation in Sweden, Denmark, France, and Italy [J]. Advances in Life Course Research, 2003, 8: 231-253.
9. Boserup E, Kanji N, Tan S, et al. Woman's role in economic development [M]. London: Allen & Unwin, 1970.
10. Himmelweit S. Making visible the hidden economy: the case for gender-impact analysis of economic policy [J]. Feminist Economics, 2002, 8 (1): 49-70.
11. UNDP. Human Development Report 1995: Gender and Human Development [R]. Oxford: Oxford University Press, 1995.
12. 北京宣言 [R]. 中华人民共和国国家人口和计划生育委员会 [1995-09-01]. http://www.chinapop.gov.cn/wxzl/zywx/200804/t20080428_47917.htm.
13. Kabeer N. Conflicts over credit: re-evaluating the empowerment potential of loans to women in rural Bangladesh [J]. World Development, 2001, 29 (1): 63-84.
14. Heim B. The Incredible Shrinking Elasticities: Married Female Labor Supply, 1978~2002 [J]. Journal of Human Resources, 2007, 42 (4): 881-918.
15. Blau F, Kahn L. Changes in the labor supply behavior of married women: 1980-2000 [J]. Journal of Labor Economics, 2007, 25 (3): 393-438.
16. Tzannatos Z. Women and labor market changes in the global economy: Growth helps, inequalities hurt and public policy matters [J]. World Development, 1999, 27 (3): 551-569.
17. Elson D, Cagatay N. The social content of macroeconomic policies [J]. World Development, 2000, 28 (7): 1347-1364.

18. Elson D. Labor markets as gendered institutions: equality, efficiency and empowerment issues [J]. World Development, 1999, 27 (3): 611 -627.

19. Bener á L, Mendoza B. Structural adjustment and social emergency funds: The cases of Honduras, Mexico and Nicaragua [J] . The European Journal of Development Research, 1995, 7 (1): 53 -76.

20. Summerfield G, Aslanbeigui N. The impact of structural adjustment and economic reform on women [M] . New York: Garland. Publishing, 1998.

21. Sen G, Grown C. Development, crises and alternative visions: Third World women's perspectives [M] . New York, Monthly Review Press, 1988.

22. UNDP. Millennium Development Goals: A Compact Among Nations to End Human Poverty [R]. New York and Oxford: Oxford University Press, 2003.

23. Rodrik D, Subramanian A, Trebbi F. Institutions rule: the primacy of institutions over geography and integration in economic development [J] . Journal of Economic Growth, 2004, 9 (2): 131 -165.

24. Naughton B. The Chinese economy: Transitions and growth [M] . Cambridge: MIT Press, 2007.

25. 林毅夫，李周．论中国经济改革的渐进式道路 [J] ．经济研究，1993，(9)：3 -11.

26. 洪银兴．中国市场化改革渐进式路径的一种解释 [J] ．经济学家，2001，(1)：21 -28.

27. 中华人民共和国国家统计局．中国统计年鉴 -2008 [M] ．北京：中国统计出版社，2009.

28. Chen S, Ravallion M. The developing world is poorer than we thought, but no less successful in the fight against poverty [C] . Washington, DC: The Word Bank Policy Research Working Paper, 2008.

29. 第二次全国农业普查主要数据公报（第五号）[R] ．中华人民共和国国家统计局 [2008 -2 -27] http://www. sannong. gov. cn/qwfb/ncjj/200802270020. htm.

30. Croll E. Changing identities of Chinese women: rhetoric, experience, and self-perception in twentieth-century China [M] . London: Zed Books, 1995.

31. Chan A, MadSen R, Unger J. Chen village under Mao and Deng [M] . berkeley: University of California Press, 1992.

32. 刘文明．农村经济结构调整对妇女经济及家庭地位的影响——以湘西山区的三个行政村为例 [J] ．中南大学学报：社会科学版，2003，9 (4)：435 -438.

33. 中国实施千年发展目标进展情况报告 [R] ．中华人民共和国外交部，联合国驻华系统. 2008. http://www. un. org/chinese/millenniumgoals/china08/index. html.

34. Davin D. Internal migration in contemporary China [M] . London: Palgrave MacMillan, 1999.

35. Zhang L, de Brauw A, Rozelle S. China's rural labor market development and its gender implications [J] . China Economic Review, 2004, 15 (2): 230 -247.

36. Deere C. The feminization of agriculture?: economic restructuring in rural Latin America [M]. Geneva: UNRISD, 2005.

37. UNDP. Human Development Report China 2007/08：Access for all Basic public services for 1.3 billion people［R］. Beijing：China Translation and Publishing Group Corporation，2008.
38. 中华人民共和国国家统计局. 中国统计年鉴－2004［M］. 北京：中国统计出版社，2004.
39. 第二期中国妇女社会地位抽样调查主要数据报告［R］. 中华人民共和国国家统计局［2001－09－04］http://www.stats.gov.cn/tjgb/qttjgb/qgqttjgb/t20020331_15816.htm.
40. Jacka T. Women's work in rural China：Change and continuity in an era of reform［M］. Cambridge：Cambridge University Press，1997.
41. Song L. In search of gender bias in household resource allocation in rural China［C］. Munich，Germany：MPRA Paper No. 8348，2008.
42. Song Y，Jiggins J. Feminization of agriculture and related issues：Two case studies in marginal rural areas in China［C］. Leiden，the Netherlands：the European Conference on Agricultural and Rural Development in China（ECARDC Ⅵ），2000.
43. Yunxian W. De-intensification and the Feminization of Farming in China［J］. Gender，Technology and Development，1999，3（2）：189－124.
44. 高小贤. 当代中国农村劳动力转移及农业女性化趋势［J］. 社会学研究，1994，（2）：83－90.
45. 金一虹. 父权的式微——江南农村现代化进程中的性别研究［M］. 成都：四川人民出版社，2000.
46. 朱爱岚. 中国北方村落的社会性别与权力［M］. 南京：江苏人民出版社，2004.
47. De Brauw A，Rozelle S. Migration and household investment in rural China［J］. China Economic Review，2008，19（2）：320－335.
48. Meng X. Male-female wage determination and gender wage discrimination in China's rural industrial sector［J］. Labour Economics，1998，5（1）：67－89.
49. Dong X. Trigger strategies in Chinese agricultural teams［J］. The Canadian Journal of Economics/Revue canadienne d'Economique，1998，31（2）：465－490.
50. Mohapatra S，Rozelle S，Goodhue R. The rise of self-employment in rural China：development or distress?［J］. World Development，2007，35（1）：163－181.
51. Zhang Q，Donaldson J. The rise of agriarian capitalism with chinese characteristics：Agricultural mordenization，agribusiness，and collective and rights［J］. China Journal，2008，60（23）：25－47.
52. Liang Z，Ma Z. China's floating population：new evidence from the 2000 census［J］. Population and Development Review，2004：467－488.
53. De Brauw A，Huang J，Rozelle S，et al. The evolution of China's rural labor markets during the reforms［J］. Journal of Comparative Economics，2002，30（2）：329－353.
54. 赵耀辉. 中国农村劳动力流动及教育在其中的作用———以四川省为基础的研究［J］. 经济研究，1997，（2）：37－42.

55. Hare D. Women's Economic Status in Rural China：Household Contributions to Male-Female Disparities in the Wage-Labor Market [J]. World Development，1999，27（6）：1011－1029.

56. 刘晓昀，辛贤．中国农村劳动力非农就业的性别差异 [J]．经济学，2003，2（3）：711－720.

57. Chan A，Senser R. China's troubled workers [J]. Foreign Affairs，1997，76（2）：104－117.

58. Maurer-Fazio M，Hughes J. The effects of market liberalization on the relative earnings of Chinese women [J]. Journal of Comparative Economics，2002，30（4）：709－731.

59. 李实．农村妇女的就业与收入—基于山西若干样本村的实证分析 [J]．中国社会科学，2001，（3）：56－69.

60. Rozelle S，Guo L，Shen M，et al. Leaving China's farms：survey results of new paths and remaining hurdles to rural migration [J]. China Quarterly，1999：367－393.

61. Entwisle B，Henderson G，Howell J. Re-Drawing Boundaries：Work，Household，and Gender in China [M]. Berkeley：University of California Press，2000.

62. MacPhail F，Dong X. Market labor and women' s household status in rural China [J]. Feminist Economics，2007，13（3－4）：91－122.

63. 潘锦棠．经济转轨中的中国女性就业与社会保障 [J]．管理世界，2002，（7）：59－68.

64. Dong X，Putterman L. Soft budget constraints，social burdens，and labor redundancy in China's state industry [J]. Journal of Comparative Economics，2003，31（1）：110－133.

65. Dong X，Bowles P. Segmentation and discrimination in China's emerging industrial labor market [J]. China Economic Review，2002，13（2－3）：170－196.

66. 沙吉才，熊郁，孙淑清．当代中国妇女地位 [M]．北京：北京大学出版社，1995.

67. Liu Y，Zhang P，Li J，et al. A critical function for TGF-β signaling in the development of natural CD4＋CD25＋Foxp3＋regulatory T cells [J]. Nature immunology，2008，9（6）：632－640.

68. 叶兴庆．论农村公共产品供给体制的改革 [J]．经济研究，1997，6（11）：57－62.

69. 乔宝云，范剑勇，冯兴元．中国的财政分权与小学义务教育 [J]．中国社会科学

70. 陈永正，陈家泽．论中国乡级财政 [J]．中国农村观察，2004，（5）：61－69.

71. 于祖尧．求解难题：中国经济忧患之成因 [J]．战略与管理，2003，（2）：99－100.

72. 程延．"386199 部队"：农村中的"留守军" [J]．党政干部学刊，2007，（4）：44－45.

73. 全国农村留守儿童状况研究报告 [R]．中国妇女网 [2008－09－26] http://www.women.org.cn/allnews/02/1985.html.

74. 李琴，宋月萍．劳动力流动对农村老年人农业劳动时间的影响以及地区差异 [J]．中国农村经济，2009，（5）：52－60.

75. 庞丽华，Rozelle R dBA. 中国农村老人的劳动供给研究 [J]．经济学（季刊），2003，（4）：721－730.

76. 宋璐，李树茁，李亮．提供孙子女照料对农村老年人心理健康的影响研究 [J]．人口与发展，2008，（3）：10－18.

77. 李新然，方子节．试论农业女性化对农业和农村发展的影响［J］．农业现代化研究，1999，20（2）：88－90.
78. 林惠俗．加快农村妇女非农转移的一些思考［J］．妇女研究论丛，2003，（S1）：38－41.
79. 周丕东．农业女性化及其影响研究：基于贵州省六个村的实证分析［J］．贵州农业科学，2009，37（5）：214－218.
80. 李旻，赵连阁．农业劳动力“女性化”现象及其对农业生产的影响——基于辽宁省的实证分析［J］．中国农村经济，2009，（5）：61－69.
81. 夏雪．从男耕女工看农村女性地位变迁［J］．中国国情国力，2005，（6）：47－49.
82. 黄璘．四千多万妇女留守农村“男工女耕”婚姻堪忧［J］．基层政治工作研究，2009，（3）：71－71.
83. 郑晔，王昕．论农村妇女对传统性别分工的挑战［J］．四川大学学报：哲学社会科学版，2000，（7）：22－26.
84. 田翠琴．农村妇女发展与闲暇时间的性别不平等研究［J］．妇女研究论丛，2004，（5）：25－31.
85. Elson D. Gender awareness in modeling structural adjustment［J］. World Development，1995，23（11）：1851－1868.
86. Oakley A. Sex，gender and society［M］. Gower：Maurice Temple Smith，1985.
87. Rubin G. The Traffic in Women：Notes on the Po litical Economy of Sex［J］. Feminist Anthropology：a reader，2006.
88. Whitehead A. Some preliminary notes on the subordination of women［J］. IDS bulletin，1979，10（3）：10－13.
89. Sen A. Freedom of choice：concept and content［J］. European Economic Review，1988，32（2－3）：269－294.
90. Sen A. Markets and Freedoms：achievements and limitations of the market mechanism in promoting individual freedoms［J］. Oxford Economic Papers，1993，45（4）：519－541.
91. Sen A. The possibility of social choice［J］. American Economic Review，1999，89（3）：349－378.
92. Sen A. Inequality re-examined［M］. Oxford：Clarendon Press，1992
93. Sen A，Hawthorn G，Muellbauer J. The standard of living［M］. Cambridge：Cambridge University Press，1988.
94. Skoufias E. Seasonal labor utilization in agriculture：Theory and evidence from agrarian households in India［J］. American Journal of Agricultural Economics，1993，75（1）：20－32.
95. Solinger D. Contesting citizenship in urban China：Peasant migrants，the state，and the logic of the market［M］. Berkeley：Univ of California Pr on Demand，1999.
96. UNDP. Human Development Report 2002：Deepening Democracy in a Fragmented World［R］. New York and Oxford：Oxford University Press，2002.
97. Gronau R. Leisure，home production，and work——the theory of the allocation of time revisited［J］. The Journal of Political Economy，1977，85（6）：1099－1123.

98. Aguiar M, Hurst E. Measuring Trends in Leisure: The Allocation of Time over Five Decades [J]. The Quarterly Journal of Economics, 2007, 122 (3): 969 – 1006.

99. Nyberg A. Power, gender and GNP'[C] . The 20th EAEPE Conference. Berlin, Germany, 2000.

100. Ironmonger D. Counting outputs, capital Inputs and caring labor: Estimating gross household product [J] . Feminist Economics, 1996, 2 (3): 37 – 64.

101. McFarlane S, Beaujot R, Haddad T. Time constraints and relative resources as determinants of the sexual division of domestic work [J] . The Canadian Journal of Sociology, 2000, 25 (1): 61 – 82.

102. Bardasi E, Wodon Q. Working long hours without much chioce not to do so: time poverty in Guinea [C] . Unpaid work, time use and public policy, Washington DC, USA, 2009.

103. Bittman M, Goodin R. An equivalence scale for time [J] . Social indicators research, 2000, 52 (3): 291 – 311.

104. Vickery C. The time-poor: a new look at poverty [J] . The Journal of Human Resources, 1977, 12 (1): 27 – 48.

105. Sen A. Development as freedom [M] . Oxford: Oxford University Press, 1999.

106. Sen A. Capability and Weli-Being [M] . Taylor & Francis US, 2000.

107. Gronau R. Home production——a forgotten industry [J] . The Review of Economics and Statistics, 1980, 62 (3): 408 – 416.

108. Singh I, Squire L, Strauss J. A survey of agricultural household models: recent findings and policy implications [J] . The World Bank Economic Review, 1986, 1 (1): 149.

109. Manser M, Brown M. Marriage and household decision-making: A bargaining analysis [J]. International Economic Review, 1980, 21 (1): 31 – 44.

110. McElroy M, Horney M. Nash-bargained household decisions: Toward a generalization of the theory of demand [J] . International Economic Review, 1981, 22 (2): 333 – 349.

111. Chiappori P. Collective labor supply and welfare [J] . Journal of Political Economy, 1992, 100 (3): 437.

112. Chiappori P, Fortin B, Lacroix G. Marriage market, divorce legislation, and household labor supply [J] . Journal of Political Economy, 2002, 110 (1): 37 – 72.

113. Apps P. Gender, time use, and models of the household [C] . Bonn, Germany: http: //ssrn.com/abstract = 418644 or doi: 10. 2139/ssrn. 418644, 2003.

114. Sen A. Capability and Well-Being [M] . Amsterdam: North-Holland 1985.

115. Chiappero M, Moroni S. An analytical framework for conceptualizing poverty and re-examining the capability approach [J] . Journal of Socio-Economics, 2007, 36 (3): 360 – 375.

116. Robeyns I. The capability approach: a theoretical survey [J] . Journal of Human Development, 2005, 6 (1): 93 – 117.

117. Okin S. Justice, gender, and the family [M] . New York: Basic Books, 1999.

118. Bubeck D. Care, gender, and justice [M] . Oxford and New York: Oxford University Press,

USA, 1995.
119. Woolley F, Marshall J. Measuring inequality within the household [J] . Carleton Economic Papers, 1992.
120. Folbre N, Dex S. Who pays for the kids?: gender and the structures of constraint [M]. London and New York: Routledge New York, 1994.
121. Folbre N. The Invisible Heart: Economics and Family Values (2001) [M] . New York: The New Press, 2001.
122. Himmelweit S. Inside the household: from labour to care [M] . Basingstoke: Macmillan Press, 2000.
123. Botwinick H, Humphries J. Persistent inequalities: wage disparity under capitalist competition [M]. Princeton: Princeton University Press, 1993.
124. Dijkstra A, Hanmer L. Measuring socio-economic gender inequality: Toward an alternative to the UNDP Gender-Related Development Index [J] . Feminist Economics, 2000, 6 (2): 41 -75.
125. Robeyns I. Sen's capability approach and gender inuqeality: selecting relevant capabilities [J]. Feminist Economics, 2003, 9 (2 -3): 61 -92.
126. Becker G. The economics of discrimination [M]. Chicago:University of Chicago Press, 1971.
127. Alkire S, Black R. A practical reasoning theory of development ethics: furthering the capabilities approach [J] . Journal of International Development, 1997, 9 (2): 263 -279.
128. Nussbaum M. Women and human development: The capabilities approach [M] . Cambridge Cambridge University Press, 2001.
129. Nussbaum M. Human capabilities, female human beings [J] . Women, culture and development: A study of human capabilities, 1995: 61 - 104.
130. Nussbaum M. Capabilities as fundamental entitlements: Sen and social justice [J] . Feminist Economics, 2003, 9 (2 -3): 33 -59.
131. Erikson R, berg R. Welfare in transition: a survey of living conditions in Sweden, 1968 - 1981 [M] . Oxford and New York: Oxford University Press, USA, 1987.
132. Agarwal B. "Bargaining" and gender relation: Within and beyond the household [J]. Feminist Economics, 1997, 3 (1): 1 -51.
133. Pierik R, Robeyns I. Resources versus Capabilities: Social Endowments in Egalitarian Theory [J] . Political Studies, 2007, 55 (1): 133.
134. Phipps S, Burton P, Osberg L. Time as a source of inequality within marriage: are husbands more satisfied with time for themselves than wives? [J] . Feminist Economics, 2001, 7 (2): 1 -22.
135. Mincer J. Labor force participation of married women: a study of labor supply [J] . Aspects of labor economics, 1962: 63 -97.
136. Agarwal B. Gender and command over property: A critical gap in economic analysis and policy in South Asia [J] . World Development, 1994, 22 (10): 1455 -1478.

137. Paul-Majumder P, Begum A. The gender imbalances in the export oriented garment industry in Bangladesh [C] . Washington D. C. : The World Bank, 2000.
138. Haddad L, Brown L, Richter A, et al. The gender dimensions of economic adjustment policies: potential interactions and evidence to date [J] . World Development, 1995, 23 (6): 881 - 896.
139. Ilahi N. The intra-household allocation of time and tasks: what have we learnt from the empirical literature? [C] . Policy Research Report on Gender and Development. Washington, D. C: The World Bank Development Research Group, 2000.
140. Khandker S. Microfinance and poverty: evidence using panel data from Bangladesh [J] . The World Bank Economic Review, 2005, 19 (2): 263.
141. Jayarajah C, Branson W, Sen B. Social dimensions of adjustment: World Bank experience, 1980 - 1993 [M] //. In: Moore R, Ryan J, editors. Sustainable development: policy, and practice. New Age: New Delhi, 1996: 203 - 207.
142. Saito K, Mekonnen H, Spurling D. Raising the productivity of women farmers in Sub-Saharan Africa [M] . New York: World Bank Publications, 1994.
143. Dollar D, Glewwe P, Litvack J. Household welfare and Vietnam's transition [M]. Washington, D. C: World Bank Publications, 1998.
144. Parish W, Zhe X, Li F. Nonfarm work and marketization of the Chinese countryside [J]. The China Quarterly, 1995: 697 - 730.
145. Maurer-Fazio M, Rawski T, Zhang W. Inequality in the rewards for holding up half the sky: gender wage gaps in China's urban labour market, 1988 - 1994 [J] . The China Journal, 1999: 55 - 88.
146. 李实. 中国农村女劳动力流动行为的经验分析 [J] . 上海经济研究, 2001, (1): 38 - 46.
147. Meng X. Labour market reform in China [M] . Cambridge: Cambridge University Press, 2000.
148. Becker G. Altruism in the Family and Selfishness in the Market Place [J] . Economica, 1981, 48 (189): 1 - 15.
149. Kuklys W. Amartya Sen's capability approach: theoretical insights and empirical applications [M]: Springer Verlag, 2005.
150. Muellbauer J. Professor Sen on the standard of living [J] . The Standard of Living, 1987: 39 - 58.
151. Chiappero M. Time and income: Empirical evidence on gender poverty and inequality from a capability perspective [M] //. In: Basu K, Kanbur R, editors. Arguments for a Better World: Essays in Honor of Amartya Sen. Oxford University Press: Oxford, 2008.
152. 畅红琴. 中国农村性别收入差距变化趋势: 1993、1997 和 2006 [J] . 人口与发展, 2009, (5): 57 - 62.
153. Folbre N, Nelson J. For Love or Money——Or Both? [J] . The Journal of Economic Perspectives, 2000, 14 (4): 123 - 140.
154. Elson D. Male bias in the development process [M] . Manchester: Manchester University Press, 1995.

155. Floro M. Economic restructuring, gender and the allocation of time [J] . World Development, 1995, 23 (11): 1913 - 1929.
156. Bourguignon F, Chiappori P. Collective models of household behavior An introduction [J]. European Economic Review, 1992, 36 (2 - 3): 355 - 364.
157. Browning M, Bourguignon F, Chiappori P, et al. Income and outcomes: A structural model of intrahousehold allocation [J] . Journal of Political Economy, 1994, 102 (6): 1067 - 1096.
158. Bonke J, Gerstoft F. Stress, time use and gender [J] . electronic International Journal of Time Use Research, 2005, 4 (1): 47 - 68.
159. Garhammer M. Pace of life and enjoyment of life [J] . Journal of Happiness Studies, 2002, 3 (3): 217 - 256.
160. Linder S. The harried leisure class [M] . New York: Columbia University Press, 1970.
161. 李实．中国农村劳动力流动与收入增长和分配 [J]．中国社会科学，1999，(2)：16 - 33.
162. 林善炜．中国经济结构调整战略 [M]．北京：中国社会科学出版社，2003.
163. 刘伟，李绍荣．所有制变化与经济增长和要素效率提升 [J]．经济研究，2001，(1)：3 - 9.
164. 胡枫．中国农村劳动力转移的研究：一个文献综述 [J]．浙江社会科学，2007，(1)：207 - 212.
165. 蔡昉．中国经济面临的转折及其对发展和改革的挑战 [J]．中国社会科学，2007，(3)：4 - 12.
166. 杜鹰，白南生．走出乡村：中国农村劳动力流动实证研究 [M]．北京：经济科学出版社，1997.
167. 景普秋，陈甬军．中国工业化与城市化进程中农村劳动力转移机制研究 [J]．东南学术，2004，(4)：37 - 44.
168. 蔡昉．中国的劳动力市场发育与就业变化 [J]．中国职业技术教育，2008，8 (8)．
169. 吴敬琏．思考与回应：中国工业化道路的抉择（上）[J]．学术月刊，2005，(12)：38 - 45.
170. 吴敬琏．中国应当走一条什么样的工业化道路？[J]．管理世界，2006，(8)：1 - 7.
171. 骆华松．中国流动人口社会行为分析 [J]．云南社会科学，2002，2 (5)：46 - 50.
172. 孟昕，白南生．结构变动：中国农村劳动力的转移 [M]．杭州：浙江人民出版社，1988.
173. 赵新平，周一星．改革以来中国城市化道路及城市化理论研究述评 [J]．中国社会科学，2002，(2)：132 - 138.
174. 蔡昉．城乡收入差距与制度变革的临界点 [J]．中国社会科学，2003，(5)：16 - 25.
175. 蔡昉，都阳，王美艳．户籍制度与劳动力市场保护 [J]．经济研究，2001，(12)：41 - 49.
176. 白南生，何宇鹏．回乡，还是外出？[J]．社会学研究，2002，(3)：64 - 78.
177. 杜鹰．城镇化是解决农村就业问题的根本途径 [J]．农村改革与发展，2000，(5)：

13 – 16.
178. 周礼，来君．农民工“候鸟式”迁移的背后［J］．浙江经济，2008，(10)：62 – 62.
179. Ilahi N，Jafarey S. Guestworker migration，remittances and the extended family：evidence from Pakistan［J］. Journal of Development Economics，1999，58（2）：485 – 512.
180. Pitt M，RoSenzweig M，Hassan M. Productivity，health，and inequality in the intrahousehold distribution of food in low- income countries［J］. The American Economic Review，1990，80（5）：1139 – 1156.
181. Quisumbing A，Maluccio J. Intrahousehold allocation and gender relations：New empirical evidence from four countries（Food Consumption and Nutrition Division Discussion Paper No. 84）［C］. Washington，D. C.：International Food Policy Research Institute，1999.
182. Thomas D. Intra-household resource allocation：An inferential approach［J］. The Journal of Human Resources，1990，25（4）：635 – 664.
183. Thomas D，Contreras D，Frankenberg E. Distribution of power within the household and child health［M］. Santa Monica CA：RAND，1997.
184. Mincer J，Ofek H. Interrupted work careers：Depreciation and restoration of human capital［J］. The Journal of Human Resources，1982，17（1）：3 – 24.
185. Arrow K. Models of job discrimination and Some mathematical models of race in the labor market. In：AH. Pascal，editor. Racial Discrimination in Economic Life. Lexington，Mass，D. C. Heath，1972.
186. Arrow K. Higher education as a filter［J］. Journal of Public Economics，1973，2（3）：193 – 216.
187. Rozelle S，Swinnen J. Success and failure of reform：insights from the transition of agriculture［J］. Journal of Economic Literature，2004，42（2）：404 – 456.
188. Francavilla F，Giannelli G. The relation between child labour and mothers' work：the case of India［C］. Bonn，Germany：The IZA Workshop：Child Labor in Developing Countries，2007.
189. Ça ğatay N，özler Ş. Feminization of the labor force：The effects of long- term development and structural adjustment［J］. World Development，1995，23（11）：1883 – 1894.
190. Kabeer N. Marriage，motherhood and masculinity in the global economy：reconfigurations of personal and economic life.［C］. Brighton：IDS Working Paper 290，2007.
191. Standing G. Global feminization through flexible labor：A theme revisited［J］. World Development，1999，27（3）：583 – 602.
192. Apps P，Rees R. Labour supply，household production and intra-family welfare distribution［J］. Journal of Public Economics，1996，60（2）：199 – 219.
193. Ha W，Yi J，Zhang J. Internal Migration and Income Inequality in China：Evidence from Village Panel Data［C］. Munich：MPRA Paper，2009.
194. Wooldridge J. Econometric analysis of cross section and panel data［M］. Cambridge：The MIT press，2002.

195. Burda M, Hamermesh D, Weil P, et al. Total work, gender and social norms [C]. Bonn, Germany: IZA Discussion Paper No. 2705, 2007.

196. Foster J, Greer J, Thorbecke E. A class of decomposable poverty measures [J]. Econometrica: Journal of the Econometric Society, 1984: 761 - 766.

197. Coudouel A, Hentschel J, Wodon Q. Poverty measurement and analysis [M]. In: J. Klugman, editor. A Sourcebook for Poverty Reduction Strategies. World Bank: Washington D. C, 2002.

198. 畅红琴，董晓媛. 中国农村劳动力外流对留守家庭成员时间分配的影响 [J]. 世界经济文汇，2009,(4): 63 - 76.

199. Mansuri G. Migration, school attainment, and child labor: evidence from rural Pakistan [C]. Manchester: World Bank Policy Research Working Paper 3945, 2006.

200. Rehn E, Sirleaf E. Women, war, peace: the independent experts' assessment on the impact of armed conflict on women and women's role in peace-building [M]. New York: UNIFEM, 2002.

201. 张文娟，李树茁. 劳动力外流背景下的农村老年人居住安排影响因素研究 [J]. 中国人口科学，2004,(1): 42 - 49.

202. 张文娟，李树茁. 农村老年人家庭代际支持研究 - 运用对数混合模型验证合作群体理论 [J]. 统计研究，2004,(5): 33 - 37.

附　　录

附录1　中国营养与健康调查2004 成人调查表（所有18岁及以上成人，部分内容）

调查省（区）：21 辽宁 23 黑龙江 32 江苏 37 山东 41 河南 42 湖北 43 湖南 45 广西 52 贵州　□□T1

城市点：1　农村点：2　□T2

城市：____________	县：____________	□T3
1 第一城市	1 第一县	
2 第二城市	2 第二县	
3 第三县		
4 第四县		
居委会：____________	村（县城）：______________	□□T4
01 第一（城市）居委会	01 县城居委会	
02 第二（城市）居委会	02 第一村	
03 第三郊区村（居委会）	03 第二村	
04 第四郊区村（居委会）	04 第三村	
05 第五（城市）居委会	05 县城居委会	
06 第六（城市）居委会	06 第四村	
07 第七郊区村（居委会）	07 第五村	
08 第八郊区村（居委会）	08 第六村	
09 第九（城市）居委会	09 县城居委会	
10 第十（城市）居委会	10 第七村	
11 第十一郊区村（居委会）	11 第八村	
12 第十二郊区村（居委会）	12 第九村	

调查户编号：____________ □□□T5
成人姓名：______________行号：______________ □□□A1
主要被调查者姓名：____________ 行号：____________ □□□T6a
调查日期：________年________月________日 □□□□□□□□□T7
完成质量情况：1 好 2 中 3 差 □CO
编号：____________ □□T6c

一、人口学背景资料（所有成人）

1. 生日：________年________月________日 □□□□□□□□AA3a
   *尽可能用阳历记录。
2. 什么年历？ □AA4a
   1 阳历　　2 阴历
3. 年龄（岁）：________ □□□A3a
   *如果 18.00 ~ 18.99 岁记录 018，如果 19.00 ~ 19.99 岁记录 019，依此类推。
4. 性别：________ □AA2a
   1 男　　2 女
5. 你父亲住在家里吗？ □A5a
   0 否（跳到问题 8）　　1 是
6. 你和你父亲什么关系？ □A5a1
   1 生父　　2 继父　　3 养父
7. 你父亲叫什么名字？____________ □□□A5b
   *记录父亲的行号。
8. 你母亲住在家里吗？ □A5c
   0 否（跳到问题 11）　　1 是
9. 你和你母亲什么关系？ □A5c1
   1 生母　　2 继母　　3 养母
10. 你母亲叫什么名字？____________ □□□A5d
    *记录母亲的行号。
11. 你目前的婚姻状况？ □A8
    1 未婚（跳到问题 13）　　2 在婚
    3 离婚（跳到问题 13）　　4 丧偶（跳到问题 13）
    5 分居（跳到问题 13）　　9 不知道（跳到问题 13）

12. 你配偶的名字是什么？ ____________ □□□A8b

＊记录配偶的行号。如果配偶不是家庭成员，记录 －88。

13. 你是什么户口？ □A8b1

1 城镇　　2 农村

14. 你在正规学校里受过几年正规教育？ □□A11

00 没上过学（跳到问题 16）　　26 3 年高中
11 1 年小学（跳到问题 16）　　27 1 年中等技术学校
12 2 年小学（跳到问题 16）　　28 2 年中等技术学校
13 3 年小学（跳到问题 16）　　29 3 年中等技术学校
14 4 年小学（跳到问题 16）　　31 1 年大学
15 5 年小学　　32 2 年大学
16 6 年小学　　33 3 年大学
21 1 年初中　　34 4 年大学
22 2 年初中　　35 5 年大学
23 3 年初中　　36 6 年大学或更多
24 1 年高中　　25 2 年高中
－9 不知道

15. 最高受教育程度是什么？ □A12

1 小学毕业　　2 初中毕业
3 高中毕业　　4 中等技术学校、职业学校毕业
5 大专或大学毕业　　6 硕士以上
9 不知道

16. 你目前是否在上学？ □A13

0 否　　1 是

二、工作情况（所有成人）

1. 现在有工作吗 ？ □B2

＊如果是退休返聘，则记录 1。

0 否　　1 是（跳到问题 3）

2. 为什么你没有工作？ □B2a

1 正在找工作（跳到第五部分）　　2 做家务（跳到第五部分）
3 残疾（跳到第五部分 ）　　4 学生（跳到第五部分）
5 退休（跳到问题 4）　　6 其它（具体说明：____）（跳到第五部分）

9 不知道（跳到第五部分）

3. 你是否退休返聘？ □B2b

0 否（跳到问题 6）　　　　1 是

4. 你什么时候退休的？________年________月 □□□□□□B2c

＊尽可能记录阳历，如不知年月，记录 -99999。

5. 你去年平均月退休金有多少，包括补助和奖金？（元） □□□□B2d

＊如退休返聘，询问问题 6。否则跳到第五部分。

6. 2000 年后你换过工作吗？ □B3b

0 否　　　　1 是

三、主要职业和工资（工作的成人）

1. 你的主要职业是什么？ □□B4

01 高级专业技术工作者（医生、教授、律师、建筑师、工程师等）

02 一般专业技术工作者（助产士、护士、教师、编辑、摄影师等）

03 管理者/行政官员/经理（厂长、政府官员、处长、司局长、行政干部及村干部等）

04 办公室一般工作人员（秘书、办事员）

05 农民、渔民、猎人

06 技术工人或熟练工人（工段长、班组长、工艺工人等）

07 非技术工人或熟练工人（普通工人、伐木工等）

08 军官与警官

09 士兵与警察

10 司机

11 服务行业人员（管家、厨师、服务员、看门人、理发员、售货员、洗衣工、保育员等）

12 运动员、演员、演奏员

13 其它（具体说明：____________）

-9 不知道

2. 你在此工作中是什么地位？ □B5

1 有雇工的个体经营者

2 无雇工的个体经营者（包括农民）

3 为他人或单位工作的长期工（包括各级企、事业，大、中小集体企业，集体农场，私人企业）

4 为他人或单位工作（合同工）

5 临时工
6 领取工资的家庭工人
7 无报酬的家庭帮工
8 其他（具体说明：__________）
9 不知道

3. 工作单位是何种类型？ □□B6a

01 政府机关　02 国家事业单位和研究所
03 国有企业　04 小集体企业（如乡镇所属）
05 大集体企业（县、市、省所属）　06 家庭联产承包农业
07 私营、个体企业　08 三资企业（属于外商、华侨和合资）
09 其他（注明：__________）　-9 不知道

4. 单位有多少职工？ □B7

1 <20　2 20－100　3 >100　9 不知道

5. 去年有几个月从事这种工作？ □□C3

＊如不知道，则记录－9。

6. 平均每周工作几天？ □C5

＊如不知道，则记录9。

7. 平均每天工作几小时？ □□C6

＊如不知道，则记录－9。

8. 上周工作几小时？ □□□C7

＊如不知道，则记录－99。

9. 去年是否有正规工资收入？ □C7b

0 否（跳到下一部分）　1 是

10. 去年除去奖金和其他补助，一般每月工资有多少钱？（元）

□□□□□□C8

＊若不知道，输入－9999。如不能分开补助和工资，此问记录总额，问题11 记录0000。

11. 去年平均每月补贴（包括副食补贴、保健津贴、洗理费、书报费、房屋补贴和其他补贴）多少元？（元） □□□□□I14a

＊如果被调查者不知道总的补贴数，则分别询问各项补贴数，然后加起来，填入总数。如既不知总数，也不知道各项的补贴数，则填－999。

12. 去年你得到过奖金（包括月奖、季度奖、年终奖、节日奖和其他奖）吗？

□I18

0 没有（跳到下一部分）　　　1 有　　　9 不知道（跳到下一部分）

13. 去年一年奖金共有多少钱?（元）　□□□□□I19

＊如不知道，则记录 -9999。

四、第二职业和工资（工作的成人）

1. 你有第二职业吗?　□B9a

0 无（跳到下一部分）　　　1 有　　　9 不知道（跳到下一部分）

2. 你的第二职业是什么？　□□B9

01 高级专业技术工作者（医生、教授、律师、建筑师、工程师等）

02 一般专业技术工作者（助产士、护士、教师、编辑、摄影师等）

03 管理者/行政官员/经理（厂长、政府官员、处长、司局长、行政干部及村干部）

04 办公室一般工作人员（秘书、办事员）

05 农民、渔民、猎人

06 技术工人或熟练工人（工段长、班组长、工艺工人等）

07 非技术工人或非熟练工人（普通工人、伐木工等）

08 军官与警官

09 士兵与警察

10 司机

11 服务行业人员（管家、厨师、服务员、看门人、理发员、售货员、洗衣工、保育员等）

12 运动员、演员、演奏员

13 其它（具体说明：____________）

-9 不知道

3. 你在第二职业中是什么地位?　□B10

1 有雇工的个体经营者

2 无雇工的个体经营者（包括农民）

3 为他人或单位工作的长期工（包括各级企、事业、大、中小集体企业、集体农场、私人企业）

4 为他人或单位工作（合同工）

5 临时工

6 领取工资的家庭工人

7 无报酬的家庭帮工

8 其他（注明：________________）

9 不知道

4. 工作单位是何种类型？ □□B11a

01 政府机关　　02 国家事业单位和研究所
03 国有企业　　04 小集体企业（如乡镇所属）
05 大集体企业（县、市、省所属）06 家庭联产承包农业
07 私营、个体企业　　08 三资企业（属于外商、华侨和合资）
09 其他（注明：____________）　－9 不知道

5. 单位有多少职工？ □B12

1 <20　　2 20－100　　3 >100　　9 不知道

6. 去年，有几个月从事这种工作？ □□C3a

＊若不知道，则记录－9。

7. 平均每周工作几天？ □C5a

＊若不知道，则记录 9。

8. 平均每天工作几小时？ □□C6a

＊若不知道，则记录－9。

9. 上周工作几小时？ □□□C7a

＊若不知道，则记录－99。

10. 去年你是否有正规工资收入？ □C7c

0 否（跳到下一部分）　　1 是

11. 去年除去奖金和其他补助，一般每月工资有多少钱？（元） □□□□□C8a

＊若不知道，则记录－9999。

如不能分开补助和工资，记录总数，问题 12 记录 0000 。

12. 去年平均每月补贴（包括副食补贴、保健津贴、洗理费、书报费、房屋补贴和其他补贴）多少钱？（元） □□□□I14b

＊如果被调查者不知道总的补贴数，则分别询问各项补贴数，然后加起来，填入总数。如既不知总数，也不知道各项的补贴数，则记录－999。

13. 去年你得到过奖金（包括月奖、季度奖、年终奖、节日奖和其他奖）吗？ □I18a

0 没有（跳到下一部分）　　1 有　　9 不知道（跳到下一部分）

14. 去年一年奖金共有多少钱？（元） □□□□□I19a

＊若不知道，输入 － 9999。

五、家庭菜园、果园（所有成人）

1. 去年你是否在菜地或果园干活？ □D2a

0 否（跳到下一部分）　　　　1 是

2. 去年你有几个月从事这方面劳动？　□□D3a

＊如果回答“不知道”，则记录 -9。

3. 去年平均每周劳动几天？　□D3b

＊如果回答“不知道”，则记录 9。

4. 去年平均每天劳动几小时？　□□D3c

＊如果回答“不知道”，则记录 -9。

六、集体和家庭农业（所有成人）

1. 去年你是否在集体或家庭农场工作？　□E2a

0 否（跳到下一部分）　　　　1 是

2. 去年你有几个月从事这方面劳动（集体或家庭）？　□□E4a

＊如果回答“不知道”，则记录 -9。

3. 去年平均每周劳动几天？　□E4b

＊如果回答“不知道”，则记录 9。

4. 去年平均每天劳动几小时？　□□E4c

＊如果回答“不知道”，则记录 -9。

5. 所从事的农业劳动性质？　□E5

1 集体农场

2 家庭承包（跳到问题 10）

3 二者都有

6. 去年你从集体农场得到过钱吗？　□E6

0 无（跳到问题 8）　1 有　　　9 不知道（跳到问题 8）

7. 得到多少钱？（元）　□□□□□E7

＊如果回答“不知道”，则记录 -9999。

8. 去年你从集体农场得到过农产品或其它东西（如耐用消费品）吗？　□E8

0 无（跳到问题 10）　1 是　　　9 不知道（跳到问题 10）

9. 这些农产品或物品价值多少钱？（元）　□□□□E9

＊如“不知道”，则记录 -999。

10. 你是家庭农业主要负责人吗？　□E10

0 否　　　　1 是

七、饲养家畜、家禽（所有成人）

1. 你是否在集体或家里从事家畜家禽饲养工作？　□F2a

0 否（跳到下一部分）1 是

2. 去年有几个月从事饲养劳动？ □□F4a
*若回答“不知道”，则记录 -9。
3. 平均每周劳动几天？ □F4b
*若回答“不知道”，则记录9。
4. 平均每天劳动几小时？ □□F4c
*若回答“不知道”，则记录 -9。
5. 你所从事的家畜家禽饲养劳动性质？ □F5
1 集体饲养场
2 家庭饲养（跳到问题10）
3 二者都有
6. 去年你从集体饲养场得到过钱吗？ □F6
0 无（跳到问题8）　1 是　9 不知道（跳到问题8）
7. 得到多少钱？（元） □□□□F7
*若回答“不知道”，则填 -999。
8. 去年你从集体饲养场得到过畜禽产品吗？ □F8
0 否（跳到问题10）　1 是　9 不知道（跳到问题10）
9. 这些畜禽产品及实物估计值多少钱？（元） □□□□F9
*若不知道，则记录 -999。
10. 你是家庭禽畜饲养主要负责人吗？ □F10
0 否　1 是

八、集体和家庭渔业（所有成人）

1. 去年你是否在集体或家里从事渔业工作？ □G2a
0 否（跳到下一部分）　1 是
2. 去年你有几个月从事渔业活动？ □□G4a
*若回答“不知道”，则记录 -9。
3. 平均每周劳动几天？ □G4b
*若回答“不知道”，则记录9。
4. 平均每天劳动几小时？ □□G4c
*若回答“不知道”，则记录 -9。
5. 你所从事的渔业劳动性质？ □G5
1 集体渔场
2 家庭渔场（跳到问题10）
3 二者都有

6. 去年你从集体渔场得到过钱吗？　□G6

　0 无（跳到问题 8）　1 是　9 不知道（跳到问题 8）

7. 得到多少钱？(元)　□□□□G7

　* 若回答“不知道”，则记录 -999。

8. 去年你从集体渔场得到过鱼或其它水产品吗？　□G8

　0 无（跳到问题 10）　1 是　9 不知道（跳到问题 10）

9. 这些鱼及实物估计值多少钱？(元)　□□□□G9

　* 若不知道，则记录 -999。

10. 你是家庭渔场主要负责人吗？　□G10

　0 否　1 是

九、家庭小手工业和小型家庭商业（所有成人）

1. 你去年是否从事过家庭小手工业或小商业（如木工、鞋匠、保姆、裁缝、理发、电器修理、饭店、商店、家庭托儿所、家庭旅馆、家庭诊所等等）活动？　□H1c

　0 否（跳到下一部分）

　1 是

　* 就每项商业活动询问问题 4 - 8，并填入表 1 。* 确保商业的分类和住户调查表一致 。

　* 如果从事同类劳动的多种活动，如裁缝、理发（同属服务业），累加同类工作的时间，并记录在附录 1 - 1。

附录 1 - 1　小家庭商业

2	3	4	5	6	7	8
商业号	商业类型	去年你是否从事此项活动？0 否 1 是。* 如果没有，询问下一个类型。	去年你有几个月从事这种商业动？ * 若回答“不知道”，则记录 -9。	平均每周工作几天？ * 若回答“不知道”，则记录 9。	平均每天工作几个小时？ * 若回答“不知道”，则记录 -9。	上周你从事这种商业活动多少小时？ * 若回答“不知道”，则记录 -99。
H1d	商业	H5a	H6	H7	H8	H9
1		□	□□	□	□□	□□□
2	服务业	□	□□	□	□□	□□□
3	制造业	□	□□	□	□□	□□□
4	流动商	□	□□	□	□□	□□□
5	建筑业	□	□□	□	□□	□□□
6	其它	□	□□	□	□□	□□□

十、家务劳动时间分配（所有成人）*就每项问题询问问题2-3，并将答案记录于附录2-2。

附录1-2 家务劳动

1 活动类型	2 上周你是否做这些家务？ 0 否 1 是 9 不知道 *如果没有或不知道，询问下一个活动。	3 平均每天花多少时间？（分钟） *若不知准确时间，记录-99。
为家庭购买食品	K2 □	K3 □□□*若在上、下学（班）途中购买，记录-88
为家人做饭	K4 □	K5 □□□
洗、熨衣服	K6 □	K7 □□□
打扫房间	K7b □	K7c □□□

十一、照看6岁及以下的儿童（所有成人）

1. 上周你是否在家照顾自己家6岁及以下儿童？ □K12
   0 否（跳到问题3）　1 是　9 不知道（跳到问题3）
2. 上周给孩子喂饭、洗澡、穿衣服、看护等，共花费多少时间？（小时） □□□K13
   *当照料小孩时，还做别的事，如做饭或洗衣的时间也要算在内。
   如不知道准确时间，则记录-99。
3. 上周你帮助照看过别人家的6岁及以下儿童吗？ □K13b
   0 否（跳到下一部分）　1 是　9 不知道（跳到下一部分）
4. 上周花了多少时间照看别人家的6岁及以下小孩？（小时） □□□K13c
   *若不清楚准确时间，则记录-99。

附录2 中国营养与健康调查2004年住户调查表（部分内容）

一、户主的人口学背景

1. 你一直住在这吗？ □A16
   0 否　1 是（跳到问题3）
2. 你在其它地方生活了多少年？ □□A17
3. 你是“五保户”吗？ □A18

0 否　　1 是

4. 你是少数民族吗？ □A19

0 否　　1 是

二、家庭果菜园及收入（所有住户）

1. 你家去年是否有菜地或果园？ □ D1

0 否（跳到下一部分）　　1 有　　9 不知道（跳到下一部分）

2. 你们家是蔬菜、水果或其他种植业的专业户吗？ □ D1a

0 否　　1 是

3. 去年，是否卖过你家菜园产的蔬菜、水果或其它产品？ □D4

0 否（跳到问题 5）　　1 是　　9 不知道（跳到问题 5）

4. 去年你家卖这些产品挣到多少钱？（元）

＊如果“不知道”，则记录 -9999。 □□□□□ D5

5. 一般你们会消费这些自己生产的水果及蔬菜，如果把自己消费的水果及蔬菜按当时的市场价卖的话，估计平均每月可卖多少钱？（元）

＊如果“不知道”，则记录 -999。 □□□□ D6

6. 去年你们用于菜果园的种子、化肥、农具、农药、雇工等各项投入有多少钱？（元）

＊不包括农业税、大型农机具。如果“不知道”，则记录 -999。

□□□□ D7

三、家庭农业及收入（所有住户）

1. 你家去年是否从事家庭农业劳动？ □ E2b

0 否（跳到下一部分）　　1 有　　9 不知道（跳到下一部分）

2. 你家是农业专业户吗？ □E11c

0 否（≤20 亩地）　　1 是（>20 亩地）

3. 你家去年共种了多少亩地？（亩）

＊如果“不知道”，记录 -99。 □□□ E11d

4. 去年你们家生产的农作物一共能卖多少钱？（元） □□□□□ E14a

＊农作物包括粮食、烟草及花卉种植；收入包括交公粮和自由市场销售的总收入以及未卖部分的价值。

＊如果“不知道”，则记录 -9999。

5. 一般你们会消费这些自己生产的农作物，请估算一下，如果把自己消费的农作物拿出来卖，可以卖多少钱？（元）

*如果“不知道”，则记录 -9999。 □□□□□□ E16a

6. 去年所有农作物租地、种子、肥料、农药、农具、雇工等共花费多少钱？（元）

*如果“不知道”，则记录 -999。 □□□□□ E12

四、家庭养殖及收入（所有住户）

1. 你家去年从事饲养家畜家禽吗？ □ F10a

0 否（跳到问题 3）　1 有　9 不知道（跳到问题 3）

2. 你家去年有几个月从事饲养家畜家禽的劳动？

*如果“不知道”，则记录 -9。 □□ F10b

3. 你家是饲养专业户吗？ □ F10c

0 否　1 是

（此处省略了表 3，具体内容在问题 6 - 14 中）

6. 去年，你家花了多少钱用于购买、饲养和护理这种家畜/家禽？（元） □ F14

*如果“不知道”，则记录 -999。

7. 去年是否使用了自家生产的饲料喂养家畜家禽？ □F15

0 否（跳到问题 9）　1 是　9 不知道（跳到问题 9）

8. 由于使用自家生产的动物饲料估计可节约多少钱？（元） □ F15a

*如果“不知道”，则记录 -999。

9. 去年你们卖过这种家畜家禽或家畜产品（蛋、奶、肉、毛、肥料等）吗？ □ F16

0 否（跳到问题 11）　1 是　9 不知道（跳到问题 11）

10. 共卖了多少钱？（元） □ F17

*如果“不知道”，则记录 - 9999。

11. 去年你家是否吃过自养的该种家畜、禽或其产品？ □ F18

0 否（跳到问题 13）　1 是　9 不知道（跳到问题 13）

12. 若将自己食用的部分卖掉，估计可卖多少钱？（元） □ F19

*如果“不知道”，则记录 -999。

13. 去年你们是否送过别人家畜禽或家畜产品？ □ F20

0 否（关于另外一种家畜家禽，询问问题 6 - 14）

1 是

9 不知道（关于另外一种家畜家禽，询问问题 6 - 14）

14. 估计送别人的这部分值多少钱？（元） □ F21

＊如果“不知道”，则记录 -999。

五、家庭渔业及收入（所有住户）

1. 你家去年是否从事了渔业活动？ □ G10a

   0 否（跳到下一部分）

   1 是

   9 不知道（跳到下一部分）

2. 去年有几个月从事该项活动？

   ＊如果“不知道”，则记录 - 9。 □□ G10b

3. 去年从该项活动中所得收入是多少？（元）

   ＊如果“不知道”，则记录 -9999。 □□□□□ G11

4. 去年你家是否留了一些鱼自己吃？ □ G12

   0 否（跳到问题 6）

   1 是

   9 不知道（跳到问题 6）

5. 如果你们把这些留给自己吃的鱼卖掉，大概能卖多少钱？（元）

   ＊如果“不知道”，记录 -999。 □□□□ G13

6. 去年你家是否把鱼送给过别人？ □ G14

   0 否（跳到问题 8）　　1 是　　9 不知道（跳到问题 8）

7. 如果你们把这些送给别人的鱼卖掉，大概能卖多少钱？（元）

   ＊如果“不知道”，则记录 -999。 □□□□ G15

8. 去年你家从事家庭渔业的总开支是多少（包括油、网、线、饲料、鱼苗、药品、保险等）？（元） □□□□□ G16

   ＊如果“不知道”，则记录 -9999。

六、家庭小手工业、小商业及收入（所有住户）

1. 你家去年是否从事小手工业或小商业（如木工、鞋匠、裁缝、理发、电器修理、饭店、商店、家庭托儿所、家庭旅馆、家庭诊所等）？ □ H1

   0 否（跳到下一部分）

   1 有

   9 不知道（跳到下一部分）

   ＊询问 4 -6 项有关商业的问题，将答案记录在附录 3 -1。

   ＊如果从事的多种行业属同一商业类型（如裁缝和理发师均属于服务业），则将从事这的收入相加，记录在第 5 项中（H3），每月总的支出相

加，记录在第6项中（H4）。

附录3-1 家庭小商业

2	3	4	5	6
编号	商业种类	去年你家是否从事这种商业活动？0否1是9不知道 * 如果没有，询问下一个类型。	该商业活动平月收入多少钱？（元） * 如果"不知道"，则记录-9999。	平均每月开销多少钱（包括发放给员工的工资）？（元） * 如果"不知道"，则记录-9999。
H1d	商业	H1e	H3	H4
1		□	□□□□□	□□□□□
2	服务业	□	□□□□□	□□□□□
3	制造业	□	□□□□□	□□□□□
4	流动商	□	□□□□□	□□□□□
5	建筑业	□	□□□□□	□□□□□
6	其它	□	□□□□□	□□□□□

九、其它收入来源（所有住户）

* 询问2-3项关于各种补助的问题，将答案记录在附录3-2。

附录3-2 补助

1	2	3
补助类型	在过去的12个月里，你家是否得到这种补助？0否1是9不知道。* 如果没有或不知道，询问下一个类型。	补助金额是多少？（元） * 如果"不知道"，则记录-99。
独生子女补助费	I10b □	I10c □□□
煤气燃料补贴	I15b □	I15c □□□
煤火费	I16b □	I16c □□□
用电补贴	I17b □	I17c □□□

4. 12个月中，你家有无收到单位春节或其它节日发的免费的或便宜的食品？ □ I20a

0 没有（跳到问题6）　　1 有　　9 不知道（跳到问题6）

5. 根据市场上的价格，这些作为礼品的食物值多少钱？（元）

* 如果"不知道"，则记录-999。 □□□□ I21a

* 询问7-8项关于现金收入情况，将答案记录在附录3-3。

附录 3－3　现金收入

6 收入来源	7 在过去的 12 个月，你家是否得到过这种收入吗？0 否 1 是 9 不知道。＊如果“否”或“不知道”，询问下一个来源。	8 收入多少钱？（元）＊如果“不知道”，则记录－9999。
出租家庭财产租金，不包括土地（房屋、家用车辆、农用设备等）	J3a□	J3□□□□□
寄宿、食宿费	J4a□	J4□□□□□
退休工资或养老金	J5a□	J5□□□□□
困难补助，残疾补助或福利金	J6a□	J6□□□□□
子女（不是家庭成员）给的钱	J7d□	J7a□□□□□
父母（不是家庭成员）给的钱	J7e□	J7b□□□□□
国内外其他亲属或朋友给的钱	J7f□	J7c□□□□□
其它现金收入（不包括灾后救济款）	J8a□	J8□□□□□

＊询问 10－11 项关于各种礼品来源情况，将答案记录在附录 3－4。

附录 3－4　礼品收入

8 类型	9 在过去的 12 个月，你家是否收到过这些礼物？0 没有 1 有 9 不知道。＊如果“没有”或“不知道”，询问下一个类型	10 这些礼物的总价值是多少？（元）＊如果“不知道”记录－999.
子女送的礼品（不是家庭成员）	J9a□	J9b□□□□
父母送的礼品（不是家庭成员）	J9c□	J9d□□□□
朋友或其他亲属送的礼品	J9e□	J9f□□□□
当地企业送的钱或礼品例如分红等	J10a□	J10b□□□□

十一、照看 6 岁及以下儿童的费用及补贴（所有住户）

1. 你家要为照看小孩花钱吗？ □ K44a

   0 否（跳到问题 4）　　1 是的

2. 这笔花销用于支付几个小孩的照看费用？ □ K44

3. 每月你们家为照料所有孩子要花多少钱？（元）

   ＊如果不知道确切数字，则记录－99。 □□□ K43

4. 你们家孩子有托幼补助费吗？ □ K45

   0 无（跳到下一部分）　　1 有　　9 不知道（跳到下一部分）

5. 家中有几个孩子有托幼补助费？ □ K46

6. 每月共有多少补助费？（元）

＊如果“不知道”，则记录 -9。 □□ K47

注：由于0～17.99岁的儿童调查表的主要内容如个人信息资料与工作时间等信息与成人问卷完全一样，在2004年之前，这部分问卷是与成人合并在一起的，因此，附录省略了儿童调查表，可以参看成人调查问卷。

附录3　中国营养与健康调查2004 社区调查表（部分内容）

每一个村或居委会完成一份社区问卷。注意：每一个社区（村或居委会）是指由政府划分的行政区域，而不是自然形成的人口聚居地（自然人群）。社区调查包括如下几部分：

社区基础设施、社区服务及社区机构

（附录中省略了其他与本研究无关的内容）

社区基础设施、社区服务及社区机构

一、社区背景（询问社区领导）

＊从官方记录中，获取如下统计资料：

1. 2000年该社区的行政区划是？ □O1a
   1 城市居委会
   2 郊区村（居委会）
   3 县城居委会
   4 农村
2. 2000年以来该社区的行政区划有没有改变？ □O1b
   0 无（跳到问题5）
   1 有
   9 不知道（跳到问题5）
3. 该社区现在的行政区划是？ □O1c
   1 城市居委会　　2 郊区村（居委会）
   3 县城居委会　　4 农村
   5 其它（请注明：____________）

4. 该社区的行政区划是哪一年改变的？ □□□□01d
5. 1989 年以来该社区的地理边界划分有无改变？ □0256
   0 没有（跳到表 1）
   1 有
6. 地理边界是在哪一年改变的？ □□□□0257
   *逐年询问问题 8 –9，将答案记录在附录 4 –1。
   *请就你所在的村/居委会回答以下问题，而不是指你所在县/市。

附录 4 –1　人口及面积

7 年份	8 这一年该村/居委会的人口数？ *如果“不知道”，则记录 –9999。	9 这一年该村/居委会的面积？（平方公里） *如果“不知道”，则记录 –99.99
1989	0258 □□□□□	0259 □□□. □□
1991	0260 □□□□□	0261 □□□. □□
1993	0262 □□□□□	0263 □□□. □□
1997	0264 □□□□□	0265 □□□. □□
2000	0266 □□□□□	0267 □□□. □□
2004	0268 □□□□□	0269 □□□. □□

10. 这个村/居委会共有多少户？ □□□□00a
11. 这个县/市共有多少人口？
   *如果这个社区是个县城居委会/农村，记录这个县的总人口数。
   如果这个社区是城市居委会/郊区村，记录这个市的总人口数。
   □□□□□□□□□0270
12. 这个县/市的总面积？（平方公里） □□□□. □□0271
   *如果这个社区是个县城居委会/农村，记录这个县的总面积。
   如果这个社区是城市居委会/郊区村，记录这个市的总面积。
   *问题 13 ~15 仅询问农村/郊区村。
13. 该村所在乡是否为示范乡？ □09k
   0 否（跳到下一部分）　　1 是
14. 是哪一级的示范乡？ □09l
   1 县级　　2 省级　　3 国家级　　4 其它（请注明：__________）
15. 是何种示范类型？（可能不只一种类型）
   (1) 经济发展　　0 否　　1 是　　9 不知道 □09m_1

(2) 环境与卫生　　0 否　　1 是　　9 不知道　　□09m_2
(3) 计划生育　　0 否　　1 是　　9 不知道　　□09m_3
(4) 行政管理　　0 否　　1 是　　9 不知道　　□09m_4
(5) 其它　　0 否　　1 是　　9 不知道　　□09m_5

二、人口统计学（询问社区领导或会计）

* 问题 1 只询问农村和郊区村。

1. 该村/居委会以下各年的人均收入是多少（元）：

(1) 2001 年________________元　　□□□□□□09n
(2) 2002 年________________元　　□□□□□□09o
(3) 2003 年________________元　　□□□□□□09p

* 询问 3 - 4 项关于每一种职业的问题，并将答案记录在附录 4 - 2。

附录 4 - 2　一般职业

2 职业	3 每日的工资是多少？(元) * 如果"不知道"，则记录 - 99	4 除了工资外，是否还免费提供饭？0 否 1 是 9 不知道
普通男工	047a □□□	047b □
普通女工	047c □□□	047d □
小学教师	0272 □□□	0273 □
中学教师	0274 □□□	0275 □
家庭保姆	048 □□□	048a □
普通建筑工人	049 □□□	050 □

5. 居住在该村/居委会的司机月收入是多少？(元)　　□□□□□051

6. 该村/居委会附近是否有开发区，开放城市或经济特区（乘公共汽车 2 小时以内）？　　□040

0 无

1 有

7. 该村/居委会劳动力百分比：

(1) 主要从事农业劳动？(%)　　□□□042
(2) 去年在该村/居委会以外的地区工作超过 1 个月？(%)　　□□□043
(3) 在拥有职工 20 人及以上的企业工作 (%)　　□□□044
(4) 在拥有职工少于 20 人的企业工作 (%)　　□□□045

8. 该村/居委会经营自己的企业吗？　　□052

0 没有（跳到问题 16）

1 有

9. 有多少这样的企业？ □□□053

10. 由该村/居委会自己经营的企业占该村/居委会所有企业的比例是多少？（%） □□□063

＊只对农村和郊区村询问问题 13～15。

＊询问 13～14 项关于各项津贴的问题，并将答案记录在附录 4－3。

附录 4－3　村/居委会办的企业投入该项服务的百分比

11 序号	12 项目	13 村/居委会办的企业的收入是否用于下列福利补贴或服务？0 否 1 是 ＊如果没有，跳到下一项。	14 企业的总收入中投入该项服务的百分比？（%）
1	住房补贴	064□	065□□.□□
2	健康保险	□	□□.□□
3	教育补贴	□	□□.□□
4	灌溉	□	□□.□□
5	修路/建设	□	□□.□□
6	农业投入和设备更新、维护	□	□□.□□
7	养老金、退休金、抚恤金	□	□□.□□
8	粮食补贴	□	□□.□□
9	用电补贴	□	□□.□□

15. 该村/居委会有多少专业户？ □□□054

16. 该村/居委会有多少个体户？ □□□056

17. 该村/居委会有多少私营企业？ □□□056a

18. 该村/居委会有农田吗？ □057

0 没有（跳到问题 20）

1 有

19. 所有农田中，有多少比例是：

（1）水浇地？（%） □□□057a

（2）集体统一灌溉？（%） □□□057b

（3）集体统一犁地？（%） □□□057c

四、托幼机构和学校（询问社区领导）

5. 你村有收学龄前儿童的小学吗？ □□□076

0 没有

1 有

*询问2-4项关于各托幼机构的情况，并将答案记录在附录4-4。

附录4-4 托幼机构

1 年龄组	2 该村/居委会有无为年龄组开设的托幼构? 0 没有 1 有 *如回答“有”，则跳到问题4。	3 如果没有，最近的一个适于该年龄组的托幼机构有多远?(公里)	4 这个年龄组平均每月需要多少托儿费?(元)
<3岁	067a □	068a □□.□	069a □□□.□
3-6岁	□	□□.□	□□□.□

附录4-5 学校情况

9 学校类型	10 该村/居委会有这种学校吗? 0 无 1 有 9 不知道 *如果“有”，询问下一类学校。	11 如果没有，距最近的学校有多远?(公里) *如果“不知道”，则记录-99.9。
小学	079□	080□□□.□
初中	081□	082□□□.□
高中	083□	084□□□.□
职业高中或技校	085□	086□□□.□

图书在版编目（CIP）数据

经济发展对中国农村家庭时间利用性别差异的影响研究／畅红琴编著．—北京：经济日报出版社，2013.1

ISBN 978-7-80257-480-9

Ⅰ.①经…　Ⅱ.①畅…　Ⅲ.①经济发展-影响-农村-家庭生活-研究-中国　Ⅳ.①D669.3

中国版本图书馆CIP数据核字（2012）第308316号

经济发展对中国农村家庭时间利用性别差异的影响研究

作　　者	畅红琴
责任编辑	陈礼滟
责任校对	李　进
版式设计	金　丹
出版发行	经济日报出版社
地　　址	北京市西城区右安门内大街65号（邮政编码：100054）
电　　话	010-63567960（编辑部）　63567687（邮购部） 010-63516956　63559665　83558469（发行部）
网　　址	www.edpbook.com.cn
E-mail	edpbook@126.com
经　　销	全国新华书店
印　　刷	北京东海印刷有限公司
开　　本	710×1000毫米　1/16
印　　张	11.5
字　　数	120千字
版　　次	2013年1月第1版
印　　次	2013年1月第1次印刷
书　　号	ISBN 978-7-80257-480-9
定　　价	38.00元